¡Sssssshhhhhhhhhhh!

Haz del teatro algo íntimo

Llévalo siempre en el bolsillo

Cubierta y diseño editorial: Éride, Diseño Gráfico
Dirección editorial: ángel jiménez

Primera edición: mayo, 2025

panóptico
© Juan Pablo Heras
© del prólogo: María Folguera
© VdB, 2025
Espronceda, 5
28003 Madrid

VdB®

ISBN: 979-13-87644-15-4
Depósito Legal: M-10908-2025
Diseño y preimpresión: Éride, Diseño Gráfico

 Este libro protege el entorno

panóptico

Juan Pablo Heras
(Madrid, 1979)

Doctor y licenciado en Teoría de la Literatura y Literatura Comparada y Filología Hispánica por la Universidad Complutense. Comenzó en el mundo del teatro en la compañía Sin Red, que dirigió Javier Olivares entre 1996 y 2006 en Fuenlabrada —Madrid—. Su primera formación como dramaturgo tuvo lugar en los talleres que Teatro del Astillero impartió en el Festival Madrid Sur y que dieron lugar a espectáculos como *Guardo la llave* o *La noche de Casandra*.

En la primera década del siglo XXI logró varios premios, como el Arte Joven, UPM o Valle-Inclán, y becas como la de la Academia de España en Roma o ETC-Cuarta Pared. La mayor parte de sus obras —*El hombre probable, El bigote de Marilyn, Ataque preventivo, Todos los caminos...*— ha sido traducida a varias lenguas, publicada y representada en diversos lugares de Europa y América. También ha escrito numerosas piezas de teatro breve para adultos y jóvenes, así como adaptaciones como *Quijote/Play, La Celestina* o *La sonrisa etrusca*, de José Luis Sampedro, cuya producción fue protagonizada por Héctor Alterio en 2011.

En los últimos años ha combinado el teatro con la docencia en Bachillerato. Durante diez años (2008-2018) dirigió en Torrelodones la compañía juvenil Teatraula, que obtuvo importantes reconocimientos en el ámbito del teatro escolar, incluida la representación en 2014 de su obra *De fábula* en el Teatro María Guerrero. Desde 2018 es profesor de Artes escénicas en el IES Antonio Machado de Alcalá de Henares y dirige cada curso varios espectáculos interpretados por sus alumnos.

JUAN PABLO HERAS

panóptico

Su principio es conocido: en la periferia, una construcción en forma de anillo; en el centro, una torre con anchas ventanas que se abren en la cara interior del anillo. La construcción periférica está dividida en celdas, cada una de las cuales atraviesa todo el ancho de la construcción. Tienen dos ventanas, una hacia el interior, correspondiente a las ventanas de la torre, y otra hacia el exterior, que permite que la luz atraviese la celda de lado a lado. Basta entonces situar un vigilante en la torre central y encerrar en cada celda a un loco, un enfermo, un condenado, un obrero o un escolar. Por el efecto de contraluz, se pueden percibir desde la torre, recortándose perfectamente sobre la luz, las pequeñas siluetas cautivas en las celdas de la periferia. Tantos pequeños teatros como celdas, en los que cada actor está solo, perfectamente individualizado y constantemente visible. (…) La multitud, masa compacta, lugar de intercambios múltiples, individualidades que se funden, efecto colectivo, se anula en beneficio de una colección de individualidades separadas. Desde el punto de vista del guardián es reemplazada por una multiplicidad enumerable y controlada; desde el punto de vista de los detenidos, por una soledad secuestrada y observada. De ahí el efecto mayor del Panóptico: inducir en el detenido un estado consciente y permanente de visibilidad que garantiza el funcionamiento automático del poder. Hacer que la vigilancia sea permanente en sus efectos, incluso si es discontinua en su acción.

Michel Foucault,
Vigilar y castigar.

Nota del autor
Coordenadas

Panóptico nació como una propuesta que presenté a la Sala Cuarta Pared —Madrid— con el fin de participar en el laboratorio de creación dramatúrgico «En blanco» y disfrutar de la beca que concedía el programa ETC. Tuve la fortuna de que Javier G. Yagüe y Borja Ortiz de Gondra se interesaran por mi proyecto y así dedicar el otoño de 2014 a la escritura de este texto.

Y ahora, antes de seguir hablando de teatro, me gustaría situar las coordenadas históricas de aquel momento:

Veníamos de vivir la crisis financiera de 2008, los recortes de gasto público de 2010 y el largo eco de las manifestaciones del 15 de mayo de 2011 —más conocidas como «15-M»—. La mayoría nos sentíamos defraudados no solo por una mala gestión del dinero público y privado que estábamos pagando muy cara, sino por el creciente hedor a corrupción que empezaba a filtrarse desde las cuentas oscuras de no pocos gobernantes que se habían cebado groseramente con millones de euros en los tiempos de la burbuja del ladrillo. Frente a tal desazón, entre las propuestas más razonables de recuperación democrática sobresalían aquellas que insistían en un mejor diseño de las instituciones, en una nueva administración que incentivara la probidad del cargo público y disuadiera comportamientos indebidos. Pero, para esto, hacía falta vigilancia. Es decir, transparencia. Confiábamos entonces en esa imparable digitalización que nos abriría las puertas de todos aquellos papeles que nuestros representantes públicos ocultaban en el batiburrillo polvoriento de los archivos. Y, de hecho, fue en torno a aquel año 2014 cuando empezaron a crearse los portales digitales de transparencia, hoy generalizados en casi todas las instituciones públicas de España. Estupendo, ¿no? Bueno, no tan rápido. Aquellos que durante estos últimos años se han dedicado a investigar sobre cuentas públicas y a indagar sobre situaciones sospechosas saben lo tortuoso que es el camino hacia los datos. Hacia los datos cuya publicación incomoda a los gobiernos, claro está. A pesar de la claridad de las leyes, se dilatan los plazos, se ponen excusas y se fingen tropiezos administrativos. Así que, diez años después, la corrupción, como el dinosaurio, sigue ahí. La última ola regeneracionista que hemos vivido hasta la fecha se ha estrellado contra escollos que creíamos demolidos, pero que solo se habían vuelto invisibles. O transparentes.

En 2014 todavía no sabíamos eso, pero conocíamos la ley invariable del gatopardo. Las estrategias con las que los gobiernos afrontaban la corrupción estaban mutando, pero para que todo siguiera igual. El caso que más desasosiego me provocaba, el que más me impelía a escribir, era el de Ana Garrido, denunciante de corrupción en el Ayuntamiento de Boadilla del Monte, en lo que acabó convirtiéndose en una pieza del célebre caso Gürtel. Como funcionaria, se enfrentó heroicamente al alcalde y sus prácticas ilegales, por lo que fue acosada hasta que se dio de baja por depresión. Tiempo después el alcalde fue imputado y expulsado del Partido Popular y ella recuperó su puesto. A continuación, un nuevo candidato del mismo partido ganó las elecciones asumiendo cambios y rechazando públicamente a su antecesor... pero Ana Garrido, de nuevo, volvió a denunciar prácticas de acoso. La trama de *Panóptico* se inspira en esta peripecia. Con mucha distancia, de modo que cualquier coincidencia es solo un parecido —no, no me he confundido—. El proyecto que presenté a la Sala Cuarta pared, y que tuvo como fruto la obra que prologan estas letras, trataba, en efecto, de un asunto de corrupción municipal. Pero con un cambio de foco. Aquí también hay una denunciante acosada y dos alcaldes denunciados, pero ninguno de los tres aparece como personaje dramático. Los cinco personajes que vemos en esta obra ni se corrompieron ni delataron... pero estuvieron todo el tiempo ahí. Mi interés estaba en aquellos que no son héroes ni villanos pero que deben navegar por el desfiladero que separa el miedo y el deber o, dicho de otro modo, la supervivencia y la dignidad. Todos son testigos y todos son inocentes, pero la llegada inesperada de la transparencia —el panóptico— les arroja las sospechas a la cara.

La escritura de esta obra, en la que busqué elevarme sobre la anécdota de partida por medio de cierta experimentación formal, fue un proceso compartido. Por supuesto, fue esencial la tutela de Borja Ortiz de Gondra, cuyas orientaciones y consejos son la causa primera de que esta obra pueda ser, al menos, correcta. Pero no solo le doy las gracias a él, sino a mis compañeros de taller: Albert Boronat, Lucía Carballal, Javier Hernando y Eva Redondo. Fue un honor compartir horas de vuelo con dramaturgos de tan alto nivel, y les agradezco tanto sus puntos de vista como su paciencia por aguantar mis discursos de politólogo aficionado. La última parte del taller consistió en una puesta en escena parcial, magníficamente dirigida por María Folguera con cinco excelentes intérpretes: Ana Adams, Raquel Guerrero, Ramiro Melgar, Javier Pérez-Acebrón y David Rubio. A todos ellos, muchas gracias. La encarnación de la primera versión del texto en sus voces y cuerpos iluminó todo aquello que precisaba cambios o recortes. De las pistas que me dio su lectura viene esta versión final, que la imprenta hace definitiva.

Juan Pablo Heras.

Prólogo
Tormenta y vigilancia

> *Ni siquiera recordamos en qué momento apren-*
> *dimos a normalizar este estremecimiento mien-*
> *tras desconfían de nosotros, mientras desconfia-*
> *mos entre nosotros, mientras llenamos nuestro*
> *tiempo con trabajos huecos para acreditar el tra-*
> *bajo con valor que debiéramos estar realizando.*

Remedios Zafra,
El informe. Trabajo intelectual
y tristeza burocrática

Panóptico es una obra singular. Lo es porque se propone explorar un color poco habitual en escena: el gris. Juan Pablo Heras ha queri-do explorar los matices del color que es a me-nudo sinónimo de matiz, de lo que se halla entre los extremos —de hecho el gris es el re-sultado de mezclar el blanco y el negro—; una escalada desde la pasión radical o dramática para descender hasta la grisura. Lo cotidiano, lo discreto, lo silenciado, lo timorato, lo co-barde… los personajes que pueblan *Panópti-co* han sido pensados desde la ambición de en-contrar el núcleo de esas vidas que muchos vivimos preguntándonos por qué obedece-mos, cumplimos, miramos a otro lado; por qué el confort o simplemente la inercia nos llevan a acatar los mandatos de una estructura perversa. Como bien recoge el propio Juan Pablo Heras en su prólogo a esta obra, cuando escribió el texto hace diez años aún empezábamos a reflexionar sobre transparencia. Curioso que, como sociedad, buscásemos la transparencia para acabar identificando un término por entonces poco habitual: violencia burocrática. O «tristeza burocrática», como dice la filósofa Remedios Zafra en el ensayo del que procede la cita inicial a este prólogo. La transparencia se opacó hacia el gris, ya lo apuntaba lúcidamente *Panóptico*. Un lugar de hipervigilancia y trámites inacabables en el que pasamos más tiempo justificando nuestro trabajo que haciéndolo.

Como buen texto dramático, no obstante, *Panóptico* expone la tensión entre tristeza, violencia y el legítimo deseo de una sociedad más justa y clara en sus procedimientos. Los personajes, con sus «insignificantes» pero muy significativas perspectivas, testigos de un conflicto laboral, encarnan esa tensión. Yo, directora escénica que tuve el placer de trabajar con este texto en el ámbito de un laboratorio de dramaturgia promovido por la sala Cuarta Pared de Madrid, puedo dar fe de que la obra engaña en su aparente misión hacia la grisura: actores y actrices encontrarán aquí la posibilidad de recorrer todos los colores del arco iris en cuanto a emociones y hallazgos expresivos. *Panóptico* nos permitió experimentar múltiples tonos, recursos, rupturas y distanciamientos.

Siempre pensé que la puesta en escena de esta obra admitía no solo un formato convencional, en un escenario y con público frontal o alrededor. Imaginaba además un recorrido con el público por una oficina real, ubicando las escenas en los rincones transitados cada día por los trabajadores; entre la fotocopiadora y el *office* con su microondas y su mesa compartida a la hora del almuerzo, en el puesto del bedel o dentro de un despacho. Imaginaba una inmersión naturalista para un grupo de espectadores agazapados en la cotidianidad cruda de este universo.

Cabe señalar también que cuando Juan Pablo Heras escribía este texto, una serie norteamericana llamada *The office* —remake de una versión original inglesa creada por el cómico Ricky Gervais— alcanzaba sus cotas más altas de popularidad. *The office* hizo comedia del hiperrealismo formal en el que unas cámaras se colaban en el día a día de unos oficinistas, fingiendo un código de *reality* pero ciñéndose siempre a esa grisura, ese gesto pequeño, contenido, esa tensión entre personas que han de convivir diariamente en un espacio reducido para ganarse el pan, escribiendo informes y vigilándose entre ellos. Si *The office* hacía comedia, *Panóptico* puede leerse como una versión dramática española: una

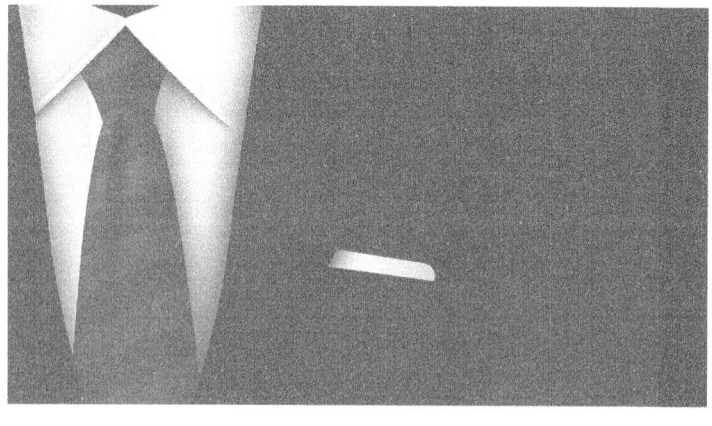

administración pública sacudida por la evidencia de corrupción que se ahoga en su propio fracaso pero a la vez se aferra a la defensa de su legitimidad. En cualquier caso no me atrevo a afirmar que este mismo *Panóptico* no pudiera convertirse en una comedia; las posibilidades del texto son muy amplias, yo misma pude experimentarlo cuando lo dirigía.

Por último quiero elogiar la belleza del título y la buena fortuna con que Juan Pablo Heras condensó en esta imagen la sensación de hipervigilancia que el nuevo modus operandi social expandía sobre nuestros escritorios. Un panóptico es la torre carcelaria que aspira a no dejar escapar ni un movimiento de sus objetivos. La obra lo consiguió: desde esa torre supo detectar todos los colores que se esconden dentro del gris.

María Folguera.

Personajes

QUERIDA COMPAÑERA
JEFE DE PRENSA
CONSERJE
CONCEJALA DE CULTURA
CONTRATISTA

Nota
La acción, en el ayuntamiento de una ciudad pequeña.

Preludio

Cena de Navidad. Los trabajadores
se miran.
Les sorprende
el raro fondo en el que se recortan
las siluetas de sus compañeros.
Risas, guiños, palabras.
Y, de repente, silencio.
Silencio alrededor
de una silla vacía.

QUERIDA C.   Ella es buena.
Ella es buena si las vacas son buenas.
Eso dijiste.
Eso dijiste de mí.
En tercera persona.
En tercera persona porque alguien había
                              [dicho que yo.
Y no podías callarte.
El vino te había levado las anclas.
Las anclas herrumbrosas, ahora heridas
                              [por la luna.
Ella es buena si las vacas son buenas.
Y yo.
Me reía como si me hubieras llamado gorda.
Y tú.
No te reías.
Porque no me habías llamado gorda.

Me habías llamado mansa.
Y tú.
Te colgaste de mis párpados esperando.
Un insulto.
Un escupitajo.
Un dardo venenoso.
Y tú.
Te atragantaste con mi silencio.
Entonces alguien preguntó si tú.
Pero tú dijiste
no.
Tú dijiste:
Yo soy buena si las moscas son buenas.
Y alguien dijo qué
cómo
qué.
Y me miraste a mí.
Y me miraron a mí.
Y yo lo expliqué.
Las moscas.
Las moscas no le gustan a nadie.
Pero si no existieran
las moscas
la mierda nos llegaría hasta el cuello.

Acto I
La filtración

> *Mesas de despacho.*
> *Papeles.*
> *Ordenadores.*
> *Fotos entrañables.*
> *Las miradas*
> *triangulan sospechas.*
> JEFE DE PRENSA.
> CONCEJALA.
> QUERIDA COMPAÑERA.
> *Entra el* CONSERJE.
> *Entra el* CONSERJE *con una carretilla*
> 　　　　　　*[atiborrada de periódicos.*

CONSERJE　　Tengo otra.

JEFE DE P.　　¿Dónde?

CONSERJE　　En el almacén.
　　　　　　He cerrado con llave.

JEFE DE P.　　¿Ya habían abierto?
　　　　　　Los kioscos, digo.

CONSERJE　　No.

JEFE DE P.　　Bien.

CONSERJE	No he pedido ticket.
JEFE DE P.	Claro.
CONSERJE	¿Entonces?
JEFE DE P.	De la caja.
CONSERJE	Pero.
JEFE DE P.	De la caja.
CONSERJE	¿Los quieres contar?
JEFE DE P.	¿Debería?
CONSERJE	Tú sabrás.
JEFE DE P.	No, yo no sé.
CONSERJE	Pues yo menos.
JEFE DE P.	Cuando termines
CONSERJE	Qué.
JEFE DE P.	Cuando termines recuérdame que te pase un bando. Un bando interno por orden del señor alcalde. Harás fotocopias, te armarás de chinchetas y empapelarás el ayuntamiento.

CONSERJE   Oye.

JEFE DE P.   ¿Qué?

CONSERJE   La trituradora.

JEFE DE P.   Qué.

CONSERJE   La trituradora de papel.
              Se va a atascar.

JEFE DE P.   Ya.
              No sé.
              ¿Compramos otra?
              Compramos otra.
              Pide factura.
              Pide factura con fecha de hace un año.
              Por si acaso.
              Me pregunto.

CONSERJE   Qué.

JEFE DE P.   Me pregunto.
              Es solo una pregunta.

CONSERJE   Una pregunta.

JEFE DE P.   Yo,
              lo que me pidan.
              Estoy
              para lo que me pidan.
              Pero me hago
              una pregunta.

¿Qué pasa con los que van a la capital
y vuelven del trabajo
con el periódico en la mano?
¿Qué pasa?
¿Qué pasa
con internet?

CONSERJE   Ah.
Aaaah.
Aaaaaaaaaaah.
Qué listo eres.
Eres un puto genio.
¿Cómo no me he dado cuenta
antes?
No te muevas.
No te muevas ni un paso.
Voy a llamar ahora mismo al alcalde.
Le voy a contar lo que opinas de su idea.
Le va a gustar tanto
que te encargará el pregón de las próximas
          [fiestas.

JEFE DE P.   Era una pregunta.

CONSERJE   Tú
pregunta menos
y responde más.
Responde en Su nombre.
Para eso te pagan.
¿De qué va el bando?

JEFE DE P.   Paciencia.
Todavía no lo he terminado.

(*Mientras el* CONSERJE
destruye los periódicos
el JEFE DE PRENSA
construye el día de mañana.
Apuntes en sucio.
Tecleos rápidos.
Escribir y borrar.
Copiar y pegar.)
Todo es transparente.
Todo documentado.
Cientos de folios a su entera disposición.
Nada que ocultar.
El alcalde enseña las palmas de sus manos.
El alcalde enseña el forro vacío de sus
[bolsillos.
El alcalde enseña el mensaje de apoyo de
[los responsables del partido.
Nota.
Enseñar dossier al abogado.
Nota.
Entregar a prensa a última hora.
Pedir disculpas por el retraso.
Subrayar en amarillo frases para titulares.
Ganchos.
Cebos.
Anzuelos.
Vale.
Vamos a por otra.
Presunción
de inocencia.
Calumnia.
Víctima.
Cabeza de turco.

Ataque al honor.
Ataque a la libertad.
Ataque a la democracia.
Estado policial.
No.
Eso no.
Mentiras.
Teatro.
Infundios para vender periódicos.
No.
Eso tampoco.

CONSERJE   Antes no eras tan cabrón.

JEFE DE P.   Mejor no.

CONSERJE   Antes no eras tan cabrón.
Díselo así.
Mascando las palabras.

JEFE DE P.   Con la prensa
no me meto.

CONSERJE   Con tus amigos
no te metes.

JEFE DE P.   No son.
Da igual.
Yo sigo.
¿Tú sigues?

CONSERJE   Yo sigo.

(*El* CONSERJE *satisface el hambre
de la trituradora de papel.*)

JEFE DE P.   Veamos.
Al alcalde no le duelen los ataques.
Al alcalde le duele el pueblo.
No.
Eso tampoco.

(*Mientras el* JEFE DE PRENSA *calla
y
sumerge la cabeza
en el mar de ondas invisibles
del ordenador
el* CONSERJE *mata la rutina con palabras.*)

CONSERJE   Si yo se lo dije.
Se lo dije al alcalde.
Si pones a tu lado a la niña,
a mi niña,
ella será tus ojos.
A lo mejor no sabe de leyes, pero sabe mirar.
Pero así estás solo y estás ciego.
Y entonces se lo propuse:
ella vendrá.
Se escapará de las faldas de su madre.
Y vendrá.
A visitarme.
Como si nada.
Y se hará la tonta.
Y preguntará por aquí.
Y preguntará por allá.
Y te traerá a la chivata en bandeja.

Eso le dije.
Y entonces él me preguntó.
Pero yo.
Yo estuve
al quite.
Y le dije:
Yo no me creo esas cosas.
Claro que no.
Y si no.
Oye lo que te digo.
Que hay muchos ahí arriba
que se lo están llevando crudo.
Y para el pueblo nada.
Impuestos y desfiles.
Tú has hecho mucho.
Estos niños tenían que haber visto
los barrizales.
Los descampados.
Las casas bajas como chabolas.
Los parques y las jeringuillas.
El pueblo está mejor.
Calles asfaltadas, colegios públicos, carril-
                          [bici, parques, hospital.
Y una casa de la cultura que es un primor.
Pero ya.
Ya me callo.
Yo no sé nada.

(*La trituradora se atasca.*
El CONSERJE *saca trozos de papel*
y de camino
al contenedor

deja caer su mirada
en la QUERIDA COMPAÑERA.)

QUERIDA C.   ¿A mí por qué me miras?

CONSERJE   Tú sabrás.

QUERIDA C.   ¿Qué quieres?

CONSERJE   Ayúdanos.

QUERIDA C.   Tengo mucho trabajo.
Tenemos todos mucho trabajo.

JEFE DE P.   Venga.
Échanos una mano.
Será divertido.
Lo llamaremos…

CONSERJE   La caza del topo.

JEFE DE P.   La caza del topo.

QUERIDA C.   No me gustan los animales.

JEFE DE P.   ¿Y las películas de espías?

QUERIDA C.   Tampoco.

CONSERJE   Es una pena.

JEFE DE P.   Venga.
Déjala en paz.

CONSERJE   Es una pena.

JEFE DE P.   Pero si sabes algo…

CONSERJE   No es que desconfiemos de ti…

JEFE DE P.   Para nada.

CONSERJE   Confiamos en ti.
                  Tú.
                  Tú.
                  Tú.

QUERIDA C.   ¿Yo?

CONSERJE   Tú serías incapaz
                  de hacer algo así.

QUERIDA C.   Incapaz.

CONSERJE   Sí.
                  Incapaz.
                  No te veo.
                  No te veo haciéndole a alguien.
                  No te veo haciéndole a la mano que te da
                                        [de comer
                  una putada como esta.

QUERIDA C.   Incapaz.

CONSERJE   Incapaz.

QUERIDA C.   Inofensiva.

CONSERJE   Inofensiva.

JEFE DE P.   ¿Sabes? Yo lo conozco.

QUERIDA C.   ¿A quién?

JEFE DE P.   Al tipo que ha firmado el artículo.

QUERIDA C.   ¿Ah, sí?
              ¿Al que ha publicado…

CONSERJE   Al que ha puesto los oídos
              y la bocaza

JEFE DE P.   Al que ha publicado
              esa mierda.

QUERIDA C.   ¿Lo conoces?

JEFE DE P.   De la carrera, ¿eh?

QUERIDA C.   Ya…

JEFE DE P.   A ver si vais a pensar
              que yo…

QUERIDA C.   No, no, no…

CONSERJE   ¿Por qué no le llamas?

JEFE DE P.   Hace ya mucho que no…

QUERIDA C.   Claro.

JEFE DE P.   ¿Para qué?
               No dirá nada
               si le llamo.
               Un periodista no revela…

QUERIDA C.   Sus fuentes.

JEFE DE P.   Sus fuentes.

CONSERJE   Antes no eras tan cabrón.
               Llámale y díselo.
               Antes no eras tan cabrón.

JEFE DE P.   Ni su teléfono lo tengo.

QUERIDA C.   A lo mejor llamando al periódico.

JEFE DE P.   No.

QUERIDA C.   Si quieres llamo yo.

JEFE DE P.   Déjalo.

CONSERJE   Pero era tu amigo.

JEFE DE P.   Nunca lo fue.
               Muy pronto
               le perdí de vista.
               Nos vimos una noche.
               Nos la bebimos entera
               y nos dijimos
               que teníamos que vernos
               bajo otras luces negras.

Pero nunca.
Nunca más.

QUERIDA C.   Esas cosas pasan.

JEFE DE P.   Sí.

QUERIDA C.   Llamar por teléfono.
Llamar por teléfono da
pereza.

QUERIDA C.   Me voy a trabajar.
(*A la* QUERIDA COMPAÑERA.)
Pero puedes interrumpirme.
Cuando quieras.
Si tienes algo que decirme.

(*La trituradora vuelve a funcionar.*
El JEFE DE PRENSA *recombina las palabras.*
La CONCEJALA DE CULTURA *mira*
inquieta
cómo mueven los papeles
las manos de los otros.
El CONTRATISTA,
a las puertas del Ayuntamiento,
recuerda.)

CONTRATISTA   Y yo le dije:
Ven con nosotros.
Asóciate.
Somos pequeños pero
tú eres un gigante.
Tú te llevas los contratos gordos.

Tú puedes hablar con el alcalde
en nuestro nombre.
En nombre
de los empresarios del pueblo.
De sus empresarios.
Y te ganas su respeto.
Ya sé que ya lo tienes.
Pero puedes repartir.
Respeto, digo.
Y todos contentos.
Eso.
Eso le dije.
Joder.
Jo-
der.
Menos mal.
Menos mal que me miró por encima de su
              [hombrera de americana de Versace.
Menos mal que me dijo que no.
Menos mal que tuve miedo
y me sentí un bobo
que nunca llegaría a ninguna parte.
Un bobo
que no sabía dar al que manda
lo que el que manda quiere.
Bienaventurados aquellos
a los que se les cierran las puertas
del reino de la sospecha.
Sí.
Bendito paso atrás.
Y sin embargo…

(*La* CONCEJALA *se acerca.*)

CONCEJALA   ¿Lo has
              terminado?

JEFE DE P.   Casi.

CONCEJALA   Lo necesito.

JEFE DE P.   ¿Para cuándo?

CONCEJALA   Para hace media hora.

JEFE DE P.   Explícate.

CONCEJALA   Me han llamado.

JEFE DE P.   ¿Quién?

CONCEJALA   El de espectáculos.

JEFE DE P.   Bueno.

CONCEJALA   No. De bueno nada.
              Le importaban un comino los espectáculos.

JEFE DE P.   ¿Qué le has dicho?

CONCEJALA   Que no tienen pruebas.

JEFE DE P.   Mierda.

CONCEJALA   Que todo el mundo es inocente
              hasta que…

Jefe de P.	Mierda.
	Mierda.
	Mierda.
Concejala	¿Qué?
Jefe de P.	Hablar de pruebas.
	Decir una sola vez la palabra
	pruebas
	es como poner a correr a la liebre mecánica
	delante de los galgos.
	No importa que no tenga sangre.
	Los galgos corren
	aparecen por aquí
	y nos destrozan la moqueta.
	Hay que negarlo todo.
	No existe la liebre.
	Ni el canódromo.
	Y a los dueños de los galgos
	les regalarán sacos de pienso
	para que se queden sentaditos.
Concejala	Pero.
Jefe de P.	¿Pero?
Concejala	Y si.
Jefe de P.	Y si. Nada.
Concejala	Pero yo no.
Jefe de P.	Tú también.

CONCEJALA   ¿Yo?
               Pero qué dices.
               Yo no sé nada de construcción.
               Yo me encontré la casa de la cultura con la
                         [cinta de inauguración cortada.
               Yo solo me encargo de meter gente dentro.
               Unos cuantos artistas contentos y unos
                         [cuantos ciudadanos contentos.
               Gracias, gracias, qué bien, qué bonito.

JEFE DE P.   A ver.
               Hipótesis.
               ¿Eh? Hipótesis

CONCEJALA   Hipótesis.

JEFE DE P.   Omisión.

CONCEJALA   Omisión.

JEFE DE P.   No promover la persecución de delitos.
               Delitos contra el correcto desempeño de la
                         [función pública.
               ¿Entiendes?
               Inhabilitación para cargo público.
               Código penal.
               Artículo 408.

CONCEJALA   Qué bien te lo sabes.

JEFE DE P.   ¿Qué dices?

CONCEJALA   Yo,
                     nada.

JEFE DE P.   El alcalde me lo pidió.
                     Me pidió que estuviera informado.
                     Y que os informara.
                     Que os informara a todos vosotros.

CONCEJALA   Pero no ha habido delito.
                     No hay omisión
                     si no hay delito.

JEFE DE P.   Aprendes rápido.
                     A ver.
                     ¿Ha habido una filtración?

CONCEJALA   El documento es falso.
                     Luego no hay filtración.
                     Hay
                     fraude.
                     Falsificación.

JEFE DE P.   Eso es.
                     No cojas más el teléfono.
                     No abras la boca.
                     Y espera.
                     Espera un rato.
                     O un día.
                     Tengo el argumentario
                     casi terminado.

CONCEJALA   ¿Y si llaman?

Jefe de P.	Que me lo pasen. Yo me encargo. *«Ci penso io»*.
Concejala	¿Qué?
Jefe de P.	Es italiano. Significa que yo me encargo. Lo dicen mucho en las películas de… No importa.

(La Querida Compañera
ha encontrado un punto ciego
y susurra los secretos
al oído del teléfono.)

Querida C.	Sandra. Sandra. Te buscan. Han contratado un detective. Sí. Un detective. No se creen lo de tu baja. No se creen lo de tu depresión. Te van a buscar las cosquillas. Te van a buscar la cara oculta de la luna. De la luna, sí. Que es donde tú vives. Tú ahora te sientes Superwoman.

pero si alguien gordo lo quiere tapar
estás jodida.
Y lo sabes.
Si esto se tapa,
si esto cae al agujero del olvido,
si esto se disuelve en la orina de los jueces
ya no tienes vuelta atrás.
No.
A mí no me pidas eso.
No está bien que me pidas eso.
Lo siento.
Me gustaría.
De verdad.
Pero
tú
deberías entenderlo.
Entiende mi
silencio.
Tienen apuntadas todas las mañanas.
Los días libres.
Los que me daban
cuando querían quedarse
solos.
Los presentan como faltas injustificadas y
[ya está.
En la puta calle.
Yo no soy funcionaria.
Me contrató el alcalde.
Obra y servicio. Obra y servicio. Obra y
[servicio.
¿Recuerdas?
Ya lo sé.
Ya sé que no me acusas.

Que no me has dicho nada.
Pero sé lo que piensas de mí.
No.
No me des las gracias.
Dichas así parece que me señalaras con el
                                                    [dedo.
No.
El mundo es para los valientes.
Sí.
Pero seguro que los valientes no tienen
                        [hijos de siete años el mayor
                        [y cinco el pequeño.
¿Te he enseñado las fotos del otro día?
En el zoo.
Delante de las fieras.
Grrrr.

(*El* CONTRATISTA *entra en el Ayuntamiento.*
La QUERIDA COMPAÑERA *cuelga*
y vuelve a su puesto.)

CONTRATISTA   Te vi ayer.

QUERIDA C.   ¿Cómo?

CONTRATISTA   Con ella.

QUERIDA C.   Ah.

CONTRATISTA   Es amiga tuya.

QUERIDA C.   Eso lo sabe todo el mundo.

Contratista Pero. A ver. Cierra la puerta.

Querida C. No.

Contratista ¿Qué?

Querida C. Que no.

Contratista ¿Que no qué?

Querida C. Que no cierro la puerta.
Y que ella no ha sido.

Contratista Venga.

Querida C. No.

Contratista Si ha sido no pasa nada.

Querida C. Ya. Pero no ha sido.

Contratista No la tapes.

Querida C. ¿Por qué no hablas tú con ella?

Contratista No.

Querida C. No tiene la peste.

Contratista Pero…

Querida C. No hay nada sobre ti.
Lo tuyo es cosa limpia.

No llegas al mínimo para convocar concurso
y lo sabes.
¿Qué podría decir?
El servicio de limpieza
es una insignificancia.

CONTRATISTA   No lo es.

QUERIDA C.   Ya. Pero no hay nada más.
Nada que puedan cargarte
en las espaldas.
Eres amigo.
Eso sí podrían decirlo.
Pero trabajas.
Eso también.

CONTRATISTA   *«Rouba mas faz»*.

QUERIDA C.   ¿Qué?

CONTRATISTA   Lo dicen en Brasil.
Roba, pero trabaja.

QUERIDA C.   Joder.

CONTRATISTA   Y puedo decir
muchas más cosas.
No sabes lo bien
que hablo el portugués.

QUERIDA C.   ¿Qué quieres?

CONTRATISTA   La oposición.

Necesito saber
a quién tengo que llamar.

QUERIDA C.   No levantes más polvo.
No pasará nada.

CONTRATISTA   ¿Y si...?

QUERIDA C.   O será para bien.

CONTRATISTA   ¿Cómo?

QUERIDA C.   Nada.

CONTRATISTA   ¿Y si llegan otros?
Si se presentan unos de fuera.
Desconocidos.
Limpios.
Baratos.
No puedo competir.
No puedo bajar más el margen.
A este paso voy a cobrar menos
que el becario.

CONTRATISTA   Siéntate.
Te daré unos números
de teléfono.

(*Suena el teléfono del* JEFE DE PRENSA.
*Todos trabajan
o parecen trabajar.
Pero el* JEFE DE PRENSA *se aparta.
Sus palabras tiemblan,*

queman,
irradian
un extraño desasosiego.)

JEFE DE P.   No.
Cariño.
No.
No puedes creerte todo lo que sale en
                                    [internet.
Te lo digo yo.
Que yo sé cómo funcionan…
Hablamos en casa.
Esta noche.
O mañana.
Esta noche vemos una película en el sofá y
                                    [pedimos…
¿Qué?
No me hagas esa pregunta.
No me puedo creer que me estés haciendo
                                [esa pregunta.
Eso que dices.
Eso que dices
es un chantaje, ¿sabes?
Es un chantaje moral.
Pero no importa.
No importa.
Cariño.
Te lo diría.
A ti te lo diría.
Si hubiera algo.
Algo que me obligaran a callar.
A ti
te lo diría.

Pero te pediría que tú
también
te callaras.
Lo siento.
Pero es así.
La vida parece muy fácil cuando trabajas
[con niños de seis años.
La vida parece muy fácil cuando sabes que
[mañana tendrás trabajo.
La vida.
Ya.

(*Cuelga.*
Entra el CONSERJE.
Lleva la mano levantada.
En la mano, una carta.)

CONSERJE   Ya está.
El topo ha salido de la madriguera.

JEFE DE P.   ¿Qué?

CONCEJALA   (*Levantando su teléfono*
móvil.) Yo ya lo sabía.
Me ha llegado un mensaje.
Alguien le ha dado el soplo al alcalde.
Directamente desde el juzgado.

JEFE DE P.   ¿Juzgado?

CONCEJALA   Sandra.
Sandra en persona
ha denunciado al alcalde.

Por malversación de caudales públicos
prevaricación continuada
y
tráfico de influencias.
Tiene un dossier.
Un dossier muy gordo.
Páginas y páginas.
Horas y horas
de dedicación.

JEFE DE P.   Sandra.

CONSERJE   ¿Te sorprende?
Es fácil.
Lloras un poco y te dan la baja.
Una baja de seis meses.
Para trabajar estaba deprimida.
Pero para buscar basura.
Para buscar basura
por todas partes
y llenar con ella mil papeles
no le temblaban las manos.

JEFE DE P.   No.

CONSERJE   ¿No qué?

JEFE DE P.   No me sorprende.

CONSERJE   (*A la* QUERIDA COMPAÑERA.) A ti
tampoco.

QUERIDA C.   A mí
              déjame en paz.
              (*Al* CONTRATISTA.) Vámonos.

CONTRATISTA   No. Espera.

QUERIDA C.   Es mejor que.

CONTRATISTA   Déjame escuchar.

QUERIDA C.   Tú no deberías.

CONTRATISTA   Déjame escuchar
              y no te molesto más.

CONSERJE   (*Al* CONTRATISTA.) Caballero,
              ¿puede acompañarme?

CONCEJALA   No importa.
              Que se entere.
              No hay secretos.
              Mañana, en primera plana.

JEFE DE P.   De aquí no ha salido
              nada.
              Ni nota de prensa ni...

CONCEJALA   Yo no he dicho...

JEFE DE P.   Me miras como si...

CONSERJE   Tú sabrás.

JEFE DE P.   Pero si yo...

CONCEJALA   Me ha escrito mi amigo.
             El de espectáculos.

JEFE DE P.   Yo no he escrito nada.

CONCEJALA   Les llamó la propia Sandra.

CONSERJE   Por la espalda.
             Puñalada por la espalda.
             Qué valiente.

CONCEJALA   Sandra lo grita.
             Lo filtra.
             Lo denuncia.
             Sandra en el centro
             y nosotros en el huracán.
             Mañana, al alcalde
             le saldrán los adjetivos
             por las orejas.

CONSERJE   Vivimos tiempos de mierda.
             En días como estos
             todo es posible.

JEFE DE P.   Me pondré a trabajar.
             Todavía puedo anticiparme.

             (*El* CONSERJE *agarra del brazo al* CONTRATISTA
             suavemente
             y le acompaña a la salida.
             El CONTRATISTA *se deja llevar*

arrastrando durante un segundo los ojos
por la mesa repleta
de la Querida Compañera,
que le ignora y atiende
desconcertada
al guiño secreto
de la Concejala *de Cultura.)*

Acto II
La denuncia

(*Desde sus lugares de trabajo*
la CONCEJALA
y
la QUERIDA COMPAÑERA
sufren voces irritadas.)
«Calumnia»
es una palabra muy corta.
La querella del alcalde contra Sandra.
es leve y esponjosa.
Nos hace falta
una cascada de plomo.

CONSERJE   Ya está en marcha.

JEFE DE P.   ¿Quién?

CONSERJE   Mi hija.

JEFE DE P.   El alcalde
ya tiene un detective.

CONSERJE   ¿Un detective?
Tú has visto muchas películas.
No te creas nada.
Algún amigo que se mueve.
Nada más.
Mi hija...

JEFE DE P.   Déjalo.

CONSERJE   Pero.

JEFE DE P.   No remuevas tanto.

CONSERJE   ¿Cómo?

JEFE DE P.   No compliques más las cosas.
Yo me encargo.
Solo faltan
las palabras.

CONSERJE   ¿Palabras?
Pruebas.
Pruebas como piedras.
Eso nos falta.
Te faltan ganas.

JEFE DE P.   ¿Qué?

CONSERJE   Te faltan ganas.
Te faltan ganas.

JEFE DE P.   ¿Qué insinúas?

CONSERJE   Calla.

(*Entra el* CONTRATISTA.
*Les da la mano
con farfolla de ministro.*)

CONTRATISTA Señores…

JEFE DE P.   (*Al* CONSERJE.) ¿Qué hace aquí?

CONSERJE   Viene a ayudarnos.

JEFE DE P.   ¿Qué?

CONTRATISTA   Si molesto...

CONSERJE   No, no, no...

CONTRATISTA   Yo solo...

CONSERJE   Por favor...
               (*Al* JEFE DE PRENSA.)
               Necesitamos ayuda.
               Tú necesitas ayuda.
               Yo necesito ayuda.
               El alcalde necesita ayuda.

JEFE DE P.   (*Al* CONTRATISTA.) ¿Qué tienes?

CONTRATISTA   (*Señalando a la Querida
               compañera.*) ¿Y ella?

CONSERJE   Ella sabe
               cómo cerrar las orejas.

CONTRATISTA   Las señoras
               en la limpieza de la noche
               encontraron esto.

               (*Saca un viejo disquete de 3 ½.*)

JEFE DE P.   ¿Qué es eso?

CONTRATISTA   Un viaje en el tiempo.

JEFE DE P.   ¿Qué tiene dentro?

CONTRATISTA   Modelos de contratos.
Proyectos.
Apuntes.
Cosas sueltas.
No sé.
Pero hay gente lista
que con esto te escribe la Biblia.

JEFE DE P.   ¿Has copiado la información?

CONTRATISTA   Pues claro.
Pero esto lo hace más creíble.
Mil novecientos noventa y ocho.
Año uno antes de *Matrix*.
Mil novecientos noventa y ocho.
Cuando *Matrix*
era el futuro.
Es
como una huella en el hielo.

JEFE DE P.   ¿Pero es sobre Sandra o sobre el Alcalde?

CONSERJE   Sandra y el Alcalde son lo mismo.
Eran lo mismo en aquel tiempo.
Ella era su mano derecha.
Y su cerebro, si me apuras.

JEFE DE P.   Ya.

CONSERJE   Hasta que algo se jodió.
              Lo dice el vigilante.

CONTRATISTA   ¿Quién?

CONSERJE   El vigilante de la noche.
              Ella se quedaba a trabajar.
              Hasta muy tarde.
              Y un día se oyeron gritos.
              Y ella salió corriendo.
              Dejó caer un papel.

CONTRATISTA   Este papel.
              Hace años que lo conservo.

              (*El* JEFE DE PRENSA *lo coge y lo revisa.*)

JEFE DE P.   Esto no sirve.

CONSERJE   Pero el vigilante dirá lo que nos dé la gana
              si le pagamos una entrada en el Bernabéu.

JEFE DE P.   Prefiero el disquete.
              Matrix.
              Hay que joderse.
              (*La* QUERIDA COMPAÑERA *se levanta.*
              Los hombres se callan.
              Ella se para,
              sorprendida,
              al ver el disquete.)
              ¿Te suena?

QUERIDA C.   ¿Qué?

CONSERJE   Es de Sandra.
De Sandra antes de.
De la Sandra que no tenía
tantos escrúpulos.
La que también
se llevó lo suyo.

QUERIDA C.   ¿Qué dices?

CONSERJE   Si tiras piedras
asegúrate de estar libre
de pecado.

QUERIDA C.   Yo no sé nada.

CONSERJE   Deberíamos haberte puesto un micrófono
en el escote.
Para cuando estabas con ella
en la máquina del café.

QUERIDA C.   ¿Qué ganáis vosotros buscándole mierda?

JEFE DE P.   ¿Qué ha ganado ella?

QUERIDA C.   Yo qué sé.

JEFE DE P.   Si te la juegas
es porque algo ganas.

QUERIDA C.   ¿Tú también?

JEFE DE P.   ¿Y tú no?

QUERIDA C.   Yo me voy.

CONSERJE   ¿Qué harás si te llaman?

QUERIDA C.   Yo no sé nada.
Qué voy a saber yo.

CONSERJE   ¿Eso le vas a decir al juez?

QUERIDA C.   Lo que yo diga...

CONSERJE   Piénsalo.
Es importante.
Es importante para ti.

(*La* QUERIDA COMPAÑERA *se va.*)

JEFE DE P.   No le metas miedo.

CONSERJE   ¿Miedo?
Solo me aseguro
de que diga la verdad.
Nada debe temer
si se cuida
de que no le envenenen los oídos.

JEFE DE P.   La verdad.

CONSERJE   Sí.
¿Dudas?

JEFE DE P.   No.
¿Y tú?

CONTRATISTA Os dejo trabajar.
Esta noche las señoras
limpiarán a fondo los cajones
y esos recovecos fastidiosos
donde la mugre se acumula.
Las horas extra
corren de mi cuenta.
Señores.
Yo lo quiero saber todo.
Se acabó vivir engañados.
Yo tomo la pastilla roja.

(*El* CONTRATISTA *se va.*
El CONSERJE *le sigue a cierta distancia.*
El JEFE DE PRENSA *vuelve a su mesa,*
de inmediato azotada
por el periódico que arroja la CONCEJALA *de*
[*Cultura.*)

CONCEJALA ¿Lo has visto?

JEFE DE P. Pues claro.
Me ha llegado por todas partes.
La versión digital
se extiende como una pústula
de gasolina.

CONCEJALA Pero es que yo no dije eso.
Yo no he cuestionado...

JEFE DE P. No has dicho
las palabras mágicas.

CONCEJALA   Yo no dije...

JEFE DE P.   Has callado.
              Y en tu silencio
              han visto al duende del tesoro
              corriendo al final del pasillo.
              ¿Les has llamado para aclararlo?

CONCEJALA   Por supuesto que sí.

JEFE DE P.   No jodas.

CONCEJALA   ¿Qué?

JEFE DE P.   Todavía se deben de estar riendo.
              Se oyen las carcajadas hasta aquí.

CONCEJALA   Pero yo.

JEFE DE P.   Dudaste.
              Guardaste silencio.

CONCEJALA   Un segundo.

JEFE DE P.   Demasiado.
              El silencio es una pizarra limpia
              y los periodistas niños con tizas de colores.
              En este momento
              tú eres una pista
              una grieta sangrante
              en el muro que nos separa del miedo.

CONCEJALA   Tendría que haber hablado contigo primero.
Pero no paraban de llamar.
Nunca me llaman tanto.

JEFE DE P.   Es un honor para ti, ¿verdad?
Te sientes importante.
Si yo te entiendo.
Decir «es todo una maniobra de la oposición»
                   [no suena importante.
Decir «qué escándalo que se cuestione la
                   [presunción de inocencia»
                   [no suena importante.
Decir que «todo son infundios creados por
                   [intereses particulares»
                   [no suena importante.
Así no se pasa a la posteridad, ¿verdad?

CONCEJALA   Él me lo agradecerá.
A la larga.
Seguro.
El inocente no teme a las sospechas.

JEFE DE P.   El inocente.

CONCEJALA   El inocente.

JEFE DE P.   Bien.

CONCEJALA   Sé lo que estás pensando.

JEFE DE P.   No me digas.

CONCEJALA   No tengo ambición.

JEFE DE P.   ¿Ambición?
Tú lo has dicho; no yo.
Y ahora.
Coge la tiza
y cava líneas en la negrura.
Por favor.

(*Entra la* QUERIDA COMPAÑERA *con unos*
                  [papeles en la mano.)

QUERIDA C.   ¿Os habéis enterado?

JEFE DE P.   Qué más.

QUERIDA C.   (*Al* JEFE DE PRENSA.) No te va a gustar.

CONCEJALA   Eso me interesa.

(*Le arrebata las hojas.*)

QUERIDA C.   Han recogido firmas.
Contra el alcalde.
Para que dimita.
Esto es solo una parte.

JEFE DE P.   Con eso contábamos.
¿Cuántos hay de…?

CONCEJALA   Concejales ninguno.
Ni de los nuestros ni de los otros.

Es solo gente de la calle.
Gente.
¿Te has fijado
en la quinta firma?

(*La* CONCEJALA *se ríe.*
La CONCEJALA *vomita su risa al* JEFE DE PRENSA.
Carcajadas artificiales pero enérgicas.
El JEFE DE PRENSA *lee la hoja.*)

JEFE DE P.   Joder.

(*El* JEFE DE PRENSA *se va corriendo, con la hoja*
[en la mano.)

CONCEJALA   Este hoy duerme
en la casita del perro.

QUERIDA C.   No la entiendo.
A su novia, digo.
No entiendo el escándalo.
Ni los aspavientos.
Ni las firmas que arrugan el papel.
Ella ya sabía que.

CONCEJALA   Ya.
Pero las correas
no se ven
hasta que se aprietan los nudos.

QUERIDA C.   ¿Y él?
Él ya sabía cómo ella...

CONCEJALA   Él,
             como todos,
             confiaba en que las ideas
             se disolvieran como azúcar
             en el café amargo de los días.

QUERIDA C.   ¿Y tú?

CONCEJALA   ¿Y yo?

QUERIDA C.   Nada.

CONCEJALA   Habla.
             No te calles.

QUERIDA C.   ¿Dónde
             quedaron...

CONCEJALA   ¿Mis ideas?
             Pensaba
             que no te gustaba
             meterte en líos.

QUERIDA C.   No.
             Pero.
             ¿Tú?

CONCEJALA   Hablaremos.
             Hablaremos muy pronto.
             Pero
             por ahora
             callemos.

Por ahora
defendamos el honor
de este Ayuntamiento.
Por ahora.

Acto III
La dimisión

El CONSERJE *y la* QUERIDA COMPAÑERA.
Su mirada, fuera.

CONSERJE   Felicidades.

QUERIDA C.   ¿Les quedará mucho?

CONSERJE   He dicho...

QUERIDA C.   Ya.
              Ya te he oído.

CONSERJE   Estarás contenta.

QUERIDA C.   ¿Por qué?

CONSERJE   Sandra.
              Sandra va a volver.
              Tu amiga...

QUERIDA C.   No.
              No estoy contenta.
              Me contrató él.
              Él.
              Cuando nombren al nuevo alcalde

no sé.
No sé qué pasará.

CONSERJE   Nuevo alcalde.
                O nueva alcaldesa.

QUERIDA C.   ¿Tú crees que...?

CONSERJE   Seguro.
                Mira lo que iba diciendo
                por ahí.

QUERIDA C.   En ese caso...

CONSERJE   En ese caso nada.
                Prepara las maletas.
                Aquí cada uno se trae a los suyos.
                Oye una cosa.
                Si te vas a la calle
                quedará de ti recuerdo.
                Pondré tu nombre en los tablones.
                Me acercaré a Sandra
                y se lo recordaré todos los días.
                Me acercaré a su mesa
                y le diré:
                Sandra.
                Mira.
                Mira lo que hiciste.

QUERIDA C.   Basta.

CONSERJE   Se lo recordaré
                todos los días.

Lo haré por ti.
Por tu bien.

QUERIDA C.   Basta.
No me escupas.

CONSERJE   Espera. Ya salen.
(*La* CONCEJALA *camina veloz.*
Una sombra
le humilla los ojos.
Ante la presencia de los dos
simula una sonrisa.
Se va.)
No. No será ella.

(*Anochece en la oficina.*
El JEFE DE PRENSA
ensaya
y corrige.)

JEFE DE P.   El nuevo alcalde.
~~El nuevo alcalde.~~
El alcalde en funciones
valora
~~valora~~
lamenta
~~lamenta~~
agradece
agradece
sí
agradece
a las autoridades judiciales
que su antecesor esté hoy imputado.

Liberado de sus obligaciones
el alcalde anterior
podrá defenderse
y esclarecer los hechos
al amparo firme pero cálido
de la presunción de inocencia.
Mantendremos las distinciones
con las que el municipio agradeció su

[~~inestimable~~

estimable
labor
de todos estos años.

(*Se le acerca la* Querida Compañera.
*Observa a sus espaldas
lo que está escribiendo.*)

QUERIDA C.   Si quieres
puedes venir a casa.
Tenemos libre una cama.
El mayor está de campamento.

JEFE DE P.   Me iré donde mis padres.

QUERIDA C.   Hazme caso.
No te refugies en pijamas viejos.
Hazme caso.
Vadea la lástima.

JEFE DE P.   Ayúdame.
Debo escribir el comunicado.
Hay un agujero blanco
en nuestra página web.

QUERIDA C.   Tu novia.

JEFE DE P.   Sí.
              Lo está esperando
              Ella
              lo está esperando
              para abrirlo en canal
              y mostrar sus tripas
              a las asociaciones de vecinos.

QUERIDA C.   Entra en las palabras.
              Sumérgete.
              Bucea y busca sus ojos.
              Que te vea
              y sepa que te ríes
              de los cuentos
              que tú mismo te inventas.
              Que estás con ella
              y que hay un túnel subterráneo
              que abraza las dos trincheras.

JEFE DE P.   Vete a casa.
              Es tarde.
              Te espera el pequeño.
              Te espera tu marido.

QUERIDA C.   Ven.
              Cuando acabes
              ven.
              No tengas miedo de llamar al timbre
              a la hora que sea.
              Yo tengo mal dormir
              y no me importará levantarme.

(*La* Querida Compañera *se va.*
El Jefe de Prensa *vuelve a escribir.*)

Jefe de P.   La nueva corporación,
en funciones
hasta los próximos comicios,
reitera su compromiso
con los ciudadanos
~~con los ciudadanos~~
con los ciudadanos y las ciudadanas
~~con los ciudadanos y las ciudadanas~~
con la ciudadanía
~~con la ciudadanía~~
con la ciudad.
La nueva corporación
tiene un mensaje
para
la ciudad:
ha aprendido
ha escuchado
ha colgado un espejo
en lo alto del salón de plenos
para miraros a la cara
y recordar quién la vigila.
La nueva corporación
sabe ahora que vuestro amor
que vuestro amor
sí
que vuestro amor
es el lazo y el nudo
que sostiene la cometa del gobierno
tanto al cielo

como a la tierra.
Y que gobernar es
soportar la mirada
digerir los gritos
y apuñalar las traiciones.
~~Y apuñalar las traiciones.~~
Y reivindicar cada día
la vocación que no caduca.
La vocación
del que ama
~~del que ama~~
del que sirve.

(*El* JEFE DE PRENSA *relee.*
Teclea.
La noche cae sobre él.
A un lado
la QUERIDA COMPAÑERA.)

QUERIDA C.   Me habrías
entendido.
Antes
me habrías entendido.
Cuando te llamé
para buscar en tu voz
cadencias de una disculpa
saltó el contestador
—no eras tú,
sino un automático chirrido articulado—
confieso
que no sentí una decepción.
Confieso

que sentí alivio.
Un alivio
culpable.
Me habrías entendido.
Antes
me habrías entendido.
He visto tu foto en el periódico.
He visto tus dignas ojeras.
He visto los años pasados.
Y he pensado en hacer como tú:
fabricarme un dossier pequeñito.
Pero no sobre los otros.
Un dossier sobre mí.
Un listado de vergüenzas
que miraríamos juntas, como fotos tontas
en un álbum de los de antes
si el tiempo
fuera reversible.

(*Sale.*
La Concejala
en la mesa de su despacho.
Prueba una silla giratoria nueva.
La sube y la baja
buscando la posición adecuada.
Delante de la mesa hay otra silla
unos cuantos años más vieja.
Entra el Conserje.)

Conserje   La altura es regulable.
Regulable en continuo.
Sin posiciones fijas

como las de antes.
Puedes poner la silla
a la altura exacta
que desees.

CONCEJALA   ¿Por qué no te has llevado
la silla vieja?

CONSERJE   De nada.

CONCEJALA   Perdona.
Tienes razón.
Gracias.
Muchas gracias.
Pero me mataba la curiosidad.
Me traes una silla nueva

CONSERJE   No es nueva.

CONCEJALA   Sin avisar.
Y te dejas la silla vieja.
Como para que me tropiece.

CONSERJE   No es para...

CONCEJALA   Ya lo sé.
Pero.
¿Por qué?
¿Por qué no me lo anuncias?
¿Por qué no me traes la silla
cuando yo estoy en el despacho
para que pueda aplaudirte?

CONSERJE   No he mirado nada.
            No he abierto un cajón.

CONCEJALA   Ni lo había pensado.
            Ni me preocupa.
            No tengo nada
            que pueda interesarte.

CONSERJE   Me llevo la silla.

CONCEJALA   No.
            No te vayas.
            Me has hecho un favor.

CONSERJE   La silla no es nueva.
            Es de...

CONCEJALA   A lo mejor te has equivocado.
            ¿Sabes?
            A lo mejor no soy la persona
            a la que te conviene ayudar.

CONSERJE   Estás limpia
            como nadie por aquí está limpio.
            En las próximas listas…

CONCEJALA   No.
            Me temo
            que
            no.
            Ya debes saber
            lo que se ha hablado en el pleno.
            Yo me quedo con la cultura.
            Y solo con la cultura.

CONSERJE   Llevas aquí más que nadie
           más horas de vuelo
           más kilómetros.
           Y eso para mí
           tiene valor.
           Necesitas una silla mejor
           para descansar.

CONCEJALA A tu hija no le pasará nada.

CONSERJE   Pero.

CONCEJALA No firmó nada.

CONSERJE   Ella solo obedecía.

CONCEJALA No sé si llamadas de teléfono…

CONSERJE   Jamás tomó una decisión propia.

CONCEJALA Nada tienes que temer.

CONSERJE   Solo hizo
           lo que hacían todos.

CONCEJALA Quizá todo se quede en nada.
           El alcalde, imputado.
           No culpable.
           Los otros concejales, sospechosos.
           No imputados.

CONSERJE   Culpables.
           Eso dicen

los que venían aquí a pedir favores.
Aquellos
que querían sacar tajada
sin poner nada a cambio.
Culpables. Eso dicen.

CONCEJALA   Tu hija no está en.

CONSERJE   Ayer llamó un periodista.
El amigo del
amigo.

CONCEJALA   Ya.

CONSERJE   Joder.

CONCEJALA   Oye.
Quizá.

CONSERJE   La silla no es nueva.
Pero el alcalde
casi ni la usaba.
Fue un regalo de.

CONCEJALA   Puedo hablar con unos amigos.
En algún pueblo pequeño
falta gente para las listas.
Para los puestos de arriba
incluso.
Puedo hablar.

CONSERJE   Mi hija es joven
y voluntariosa

y leal.
No tiene carrera
pero aprenderá
si recorre mundo.

CONCEJALA   A lo mejor una empresa
pública.
No sé.

CONSERJE   Allá donde vaya
se acordará de.

CONCEJALA   Que se olvide.
Que se vaya lejos
y
se olvide.
No sea
que alguien
le pregunte.

CONSERJE   Si quieres me llevo la silla.
La silla nueva.

CONCEJALA   No.
Eso sí te lo acepto.
La silla nueva del alcalde viejo.
Algo me habré ganado
por tantos años de silencio.

(*Entran el* JEFE DE PRENSA
y
la QUERIDA COMPAÑERA.)

JEFE DE P.   ¿Oís?

CONCEJALA   ¿Qué?

JEFE DE P.   Hay una manifestación.

QUERIDA C.   En la misma puerta.
Piden dimisiones.
Dimisiones en bloque.
De los imputados, de los sospechosos, de
                    [todos los que queden.
Piden elecciones
ya.

CONCEJALA   Venga.

CONSERJE   Os lo dije.
Ahora
todo es posible.

(Se oye ruido.
Cánticos, improperios, chuflas.
Entre el público,
el CONTRATISTA
habla por teléfono.)

CONTRATISTA   (*Tosiendo.*) Lo siento.
(….)
Ya.
Ya lo sé.
Pero podéis ir sin mí.
(*Cierra las aletas de la nariz con los dedos.*)
No me encuentro bien.

La congestión nasal
me impide respirar.
Y en la calle hace frío.
Y en la plaza del ayuntamiento
entran corrientes del viento del norte.
Tú ve.
Ve en nombre
de la Asociación de Comerciantes.
Ahora mismo en la plaza
ya debe de haber mucha gente.
No.
No te significas ante el alcalde en funciones.
Te significas ante tus clientes.
Te significas ante los que quieren un
                              [alcalde nuevo.
Claro que nos incumbe.
Si nos relacionan con los ladrones.
Si nos relacionan con la basura.
Si nos relacionan con lo podrido.
Estamos jodidos.
Es un mensaje.
Escucha:
El alcalde en funciones
va de moderno.
Va de listo.
Ha hecho un máster de Administración
pública
en Suecia
o en Groenlandia
o yo qué sé.
Si centralizan compras...
Sí.
Apunta.

Centralizar compras.
Si pagan toneladas de cosas
directamente a proveedores
de quién sabe dónde
estamos jodidos.
Para ahorrar, claro.
Para engordar a otros, también.
Pero los que gritan esta tarde
en la plaza del Ayuntamiento
no quieren ahorrar.
Si ni siquiera saben lo que cuesta una farola.
O la calefacción del colegio.
O las vaquillas del encierro.
A lo mejor quieren pagar menos.
Pero también
quieren trabajo para sus cuñados
quieren un parque con columpios
para los niños
y otro
para los viejos.
Que piensen
que estamos con ellos.
¿Yo?
(*Fingiendo un ataque de tos.*)
Cuarenta de fiebre.
No salgo de casa
por mi bien.

(*El* Conserje. *La* Concejala.
El Jefe de Prensa.
La Querida Compañera.
*Los cuatro
dirigen su mirada a un mismo punto.*

Se oyen gritos borrosos.
Cuando alguno de ellos se acerca a la ventana,
                                                [arrecian.)

JEFE DE P.   Espero que el alcalde
               no me pida que saque fotos.
               Ella está.
               En primera fila.
               Seguro.
               Y los años y las horas y los besos
               no le impedirán
               gritarme pedradas a la cara.
               Y no.
               No quiero hacerle fotos.
               No quiero que me vea
               con el arco tendido.

CONSERJE   ¿Dónde estaban?
               ¿Dónde estaba toda esta gente?
               En los tiempos en los que nada se hacía.
               ¿Dónde estaban?
               Es muy fácil gobernar
               sin mancharte las manos
               si te contentas con que los niños jueguen al
                                                [fútbol
               en el descampado de los cristales rotos.
               Robar.
               ¿Sabéis lo que es robar?
               Robar es llevarte un sueldo
               por sentarte a jugar al mus
               con el cura y el maestro.
               No tenéis ni puta idea.
               Ni

puta
idea.
Sabed que nunca veréis un buen rey
si le negáis el cetro y el armiño.

Jefe de P.   Me gustaría estar abajo.

Querida C.   Me gustaría estar abajo.

Jefe de P.   Me gustaría alinear
mi pecho y mis latidos
tu pecho y tus latidos
el tambor de la guerra
y los gritos de la rabia.

Querida C.   Me gustaría estar abajo.
Me gustaría no estar abajo.
Ya no puedo soportar
que cada decisión se envenene
de responsabilidades ásperas.
Ásperas como sogas.
Me gustaría tener cinco años
o noventa.

Concejala   Vamos a nuestros despachos.

Querida C.   ¿Qué?

Concejala   Escondámonos.
Alguien os está mirando.
Si dais un paso adelante
os verán ellos.
Si dais un paso atrás

os verá él.
Haced
lo que queráis
pero en estos minutos
cada paso dado
o
cada paso no dado
se recordará para siempre.

JEFE DE P.   ¿Quién nos pasa lista?
¿Tú
nos pasas lista?

CONCEJALA   Todos
nos vigilamos.

JEFE DE P.   No hay escondite.

CONCEJALA   No. No lo hay.

CONSERJE   Yo bajo.
(*Todos le miran, sorprendidos.*)
Bajo a cerrar las puertas.
Si estos animales rompen algo
el muertode las reparaciones
me lo cargarán a mí.

(*El* CONSERJE *se va.*)

QUERIDA C.   ¿Ves, querida Sandra?
¿Ves lo que yo te decía?

(*La* Querida Compañera *se va.*
La Concejala *mira fijamente al Jefe de prensa.*
El Jefe de Prensa *avanza poco a poco*
                              [hacia delante
hacia el lugar donde hierve la ira.)

Concejala   El alcalde en funciones te quiere en su
                                   [despacho.
             Mañana
             por la mañana.

Jefe de P.   Lo sé.

Concejala   No te olvides.

Jefe de P.   No.
             Yo nunca olvido nada.

             (*La* Concejala, *sin perder de vista al Jefe de*
                                   [prensa, se va.
             El Jefe de Prensa *se asoma por la ventana.*
             Los gritos crecen y le atruenan los oídos.
             Da un paso atrás.)

Acto IV
La transición

> *El* Conserje *lee unas hojas*
> *sueltas.*
> *Escuchan*
> *el* Jefe de Prensa *y la* Querida Compañera.

CONSERJE   «Gracias.
Muchas gracias, Sandra.»
Venga, no me jodas.

JEFE DE P.   Sigue.
Por favor.

CONSERJE   ¿Por qué tengo que leerlo yo?

JEFE DE P.   El nuevo alcalde ha dicho…

CONSERJE   El nuevo alcalde en funciones.
No le ha votado nadie.

QUERIDA C.   Estaba en la lista electoral.

CONSERJE   ¿Y…?

JEFE DE P.   (*Al* Conserje.) Venga. Continúa.

CONSERJE	¿Por qué yo?
JEFE DE P.	El nuevo alcalde me lo ha dicho muy claro. Un discurso que pueda entender cualquiera.
CONSERJE	Vete a la mierda.
JEFE DE P.	No te preocupes. Le haré saber al alcalde que te sientes [humillado. Ofendido. Agraviado. Y él escuchará y te encargará tareas dignas de ti.
CONSERJE	No me gusta. El discurso. No me gusta.
JEFE DE P.	Por favor.
CONSERJE	Joder. «Gracias. Gracias por habernos dado una lección. Gracias por regalarnos una oportunidad. La oportunidad de desnudarnos para que otra Sandra sea posible. Una Sandra en cada votante. Una Sandra en cada contribuyente. Una Sandra en cada ciudadano. Porque el que vota y el que paga

se ha ganado
el derecho a vigilarnos.»
¿De verdad te pagan por hacer esto?

QUERIDA C.   (*Al Jefe de prensa.*) ¿Ha sido idea tuya?

JEFE DE P.   ¿Qué quieres decir?

QUERIDA C.   Nada.
Solo es
una pregunta.

JEFE DE P.   ¿Es que tú crees que yo…?

QUERIDA C.   No me contestes si no quieres.

JEFE DE P.   El alcalde me dio unas notas.
Yo no me he inventado nada.
Solo lo he puesto
bonito.

CONSERJE   Vamos a ver.
Si el alcalde lo ordena
yo me desnudo.
Yo me despeloto.
Y me cuelgo el manojo de las llaves en los
                              [huevos.
Y voy por los pasillos como una vaca con
                              [cencerro.
Pero lo que no puede ser
es que se monte un mundo en siete días
¿Quién se ha creído que es?
Yo llevo toda la vida en mi sitio.

Oír y callar.
Escuchar cuando me hablan.
Hablar cuando me preguntan.
Y hacer lo que me pidan
y solo lo que me pidan
para que la cosa funcione.
Eso era servicio.
Y lealtad.
Y así me lo agradecen.
Vosotros no os acordáis.
Pero si yo hubiera hablado entonces.
Entonces, cuando ni Sandra ni vosotros
habíais nacido.
La democracia no dura ni cinco minutos.
Lo que yo te diga.
Ni cinco minutos.
Eso es lo que va a durar el nuevo
como me toque un poco los cojones.

(*El* Conserje *se va.*)

JEFE DE P.   ¿Qué te parece?

QUERIDA C.   ¿El qué?

JEFE DE P.   El discurso.

QUERIDA C.   Bien.

JEFE DE P.   ¿Bien?

QUERIDA C.   ¿Va en serio?

JEFE DE P.   ¿Cómo?

QUERIDA C.   Ya me entiendes.

JEFE DE P.   Lo va a colgar en la web.
En la nueva web del Ayuntamiento.
Estará ahí al alcance de todos.
Pues claro que va en serio.

QUERIDA C.   Quedan tres meses para las elecciones.

JEFE DE P.   Dos y medio.

QUERIDA C.   Me ha pedido que vaya a verle.
Tiene trabajo para mí.

JEFE DE P.   Ya lo sé.
Tú te encargarás de organizar la recepción.

QUERIDA C.   La recepción.

JEFE DE P.   Sí
Tú sabes lo que le gusta a Sandra.
Yo, el discurso.
Tú, las flores
y el piscolabis.
Y una pancarta de bienvenida como la vela
[de un barco.

QUERIDA C.   No sé.
No sé si le gustará.
Ella es muy
especial.

JEFE DE P.   Por eso queremos que lo hagas tú.

QUERIDA C.   Ya.
              Oye.

JEFE DE P.   ¿Qué?

QUERIDA C.   Tu discurso.
              A ella le va a gustar.
              Mucho.

JEFE DE P.   Eso espero.
              Sandra…

QUERIDA C.   No.
              No me refiero a Sandra.

JEFE DE P.   Ah.
              Claro.

QUERIDA C.   Estoy segura.

              (*Se van los dos*
              a sus puestos de trabajo
              El jefe de prensa marca un número de teléfono
              cuando se queda solo.)

JEFE DE P.   Cariño.
              No. No. No.
              ¿Por qué no lo coges?
              Ya sabes que a mí dejar mensajes no...
              Ya sé que no quieres pisar el ayuntamiento.

Pero es como tú dices.
Es
la casa de todos.
Ven.
Te va a gustar.
Es un homenaje a
Sandra.
Pero, también,
es un homenaje a toda la gente justa.
Ven.
Por favor.

(*Desaparece el* JEFE DE PRENSA.
Entra el CONTRATISTA.)

CONTRATISTA   ¿Puedo cerrar la puerta?

QUERIDA C.   No.

CONTRATISTA   ¿Podemos hablar esta tarde?
Te invito a un café.

QUERIDA C.   No.

CONTRATISTA   ¿A qué hora sales?
Te acerco a tu casa.

QUERIDA C.   No.

CONTRATISTA   No tengas miedo.

QUERIDA C.   Habla entonces.

CONTRATISTA   He oído
que han salido unas cuantas cosas a
[concurso.

QUERIDA C.   Sí.
En el boletín municipal.
Y en la nueva web.
Las puede ver cualquiera.

CONTRATISTA   Vale.
No tengas miedo.
A ver.
Recuérdamelo.

QUERIDA C.   Están en el boletín.
Te puedo hacer una fotocopia.

CONTRATISTA   Ya las he leído.
Pero no estoy seguro de.
Es la presbicia.
Me tengo que hacer gafas y…
Por favor.
Confírmamelo.
Solo confírmamelo.
Por si hay algo que se me haya escapado…
Por favor.

QUERIDA C.   Venga. Habla.

CONTRATISTA   A ver. Hay concurso para…
Reforma para sustituir
los tabiques de los despachos
por cubículos de cristal.

Implantación de un sistema electrónico
[de prevención de ausencias.
Para empleados públicos.
Para concejales.
¿A fichar todo el mundo, no?
Sustitución de las puertas viejas del
[ayuntamiento por unas de cristal.
De las que se abren solas.
Diseño de página web con más capacidad
[para colgarlo todo...
Pero todo, todo.
¿Cómo se dice?

QUERIDA C.   *Open data.*

CONTRATISTA   Eso. *Open data.*
Cámara de grabación continua y micrófonos
[a la última para salón de plenos.
Control de emisión de vídeo en...
¿Cómo se dice?

QUERIDA C.   *Streaming.*

CONTRATISTA   Eso es.
Muy bien.
La hostia de cosas.

QUERIDA C.   Hay fondos para eso.
De la Unión Europea.

CONTRATISTA   Vale, vale.
Solo que.
Tengo un sobrino que hizo Informática.

QUERIDA C.   ¿Y?

CONTRATISTA Nada.
             Es muy bueno.

QUERIDA C.   Las bases están
             en la web.

CONTRATISTA Claro.

QUERIDA C.   Claro.

CONTRATISTA Entonces
             yo le digo que mire en…

QUERIDA C.   La web.

CONTRATISTA Y allí…

QUERIDA C.   Se descarga las bases
             y presenta lo que pide
             el concurso.

CONTRATISTA Y te lo trae a ti.

QUERIDA C.   Lo puede hacer *on line*.

CONTRATISTA Pero.

QUERIDA C.   *On line* mejor.
             Aquí
             estamos liados.

CONTRATISTA   Ya.
Me parece muy bien.

QUERIDA C.   Me alegro.

CONTRATISTA   Lo aplaudo.

QUERIDA C.   Bien.

CONTRATISTA   Y la Asociación de comerciantes lo aplaude.
Públicamente.
Nuevas cosas.
Nuevos métodos.
Pero las oficinas…

QUERIDA C.   Las oficinas…

CONTRATISTA   Se ensucian igual.
No sé si me explico.
Toda la vida igual.
Fregona, plumero, mopa, aspiradora,
[escobilla.

QUERIDA C.   ¿Cuándo acaba vuestro contrato?

CONTRATISTA   Lo sabes mejor que yo.

QUERIDA C.   Pues tú mismo.

CONTRATISTA   Pero no llegamos al mínimo.
La ley no lo exige.
Toda la vida yo…
Toda la vida me acerco aquí y voy a ver a…

QUERIDA C.   Todo vuelve a empezar.
             Te tienes que ganar el contrato.
             Por concurso.
             Abierto y publicitado.
             La ley se nos ha quedado pequeña, macho.
             Ahora las paredes
             son de cristal.
             Ya lo has visto.
             Todo muy clarito.
             Lo más barato
             gana.
             Y aunque me regales una fregona de oro,
             no pienso decirte lo que ofrecen los demás.

CONTRATISTA O sea, las señoras a cobrar una mierda.

QUERIDA C.   Una mierda.
             Y además, cotizaciones a la Seguridad Social.
             Y ahorrando.
             Porque si la empresa no es solvente
             no hay contrato…

CONTRATISTA Cojonudo.
             Solo para solventes.
             O sea.
             Solo para los que todavía tienen algo
                         [guardado para blanquear.

QUERIDA C.   ¿Sabes algo?
             Denuncia.
             Ahora eso tiene premio.

CONTRATISTA Yo no sé nada.

QUERIDA C.   Todo lo que te digo es de acceso público.

CONTRATISTA   Tranquila.
              Yo no he dicho nada.

QUERIDA C.   Yo no he oído nada.

CONTRATISTA   Nada de esto está sucediendo.

QUERIDA C.   Yo no existo.

CONTRATISTA   Y yo menos.

QUERIDA C.   Estoy tranquila.
              Al menos eso.
              Estoy tranquila.

CONTRATISTA   Pues yo no.
              La tranquilidad sale por un pico.
              ¿No te parece?
              ¿Te puedo hacer una pregunta?

QUERIDA C.   A ver…

CONTRATISTA   Tranquila.

QUERIDA C.   Estoy muy tranquila.

CONTRATISTA   ¿A ti te parece que las señoras limpian mal?
              ¿Se queda algo sucio?
              ¿Desordenan las cosas?
              ¿Escatimo en productos de limpieza?
              ¿Hay alguna queja?

QUERIDA C.   Ahora lo que yo opine importa poco.
Ahora lo bien o mal que limpien las señoras
[importa poco.
Ahora mi trabajo lo podría hacer una
[calculadora
con el botón de restar.

CONTRATISTA   Vale.
Yo me voy.
Dile al alcalde…

QUERIDA C.   Díselo tú.

CONTRATISTA   Dile al alcalde
que estamos con él.
Que apoyamos incondicionalmente
su política de transparencia.
Que esperamos que sea elegido
por los ciudadanos de este municipio.

QUERIDA C.   Díselo tú.

CONTRATISTA   No.
No quiero que la gente comente.
No me verán hablando con él.

(*El* CONTRATISTA *se va.*
La CONCEJALA,
perseguida por el CONSERJE
se dirige al despacho del JEFE DE PRENSA.)

CONCEJALA   Deja de seguirme.

CONSERJE   Aquí no entra nadie sin el DNI.

CONCEJALA   Me lo he dejado en casa.

CONSERJE   Vuelve.

CONCEJALA   Y una mierda.
            Ya he fichado.
            ¿Para qué quieres el DNI?

CONSERJE   Son órdenes.
            El nuevo alcalde así lo quiere.
            Todo el que entra en las dependencias
                                  [municipales
            enseña su DNI
            y queda registrado.
            El registro se cuelga en la web
            al final de cada día.

CONCEJALA   Pero eso es para los visitantes.
            No para el personal.

CONSERJE   En la orden no se distingue.

CONCEJALA   Déjame tranquila.
            Vuelve a tu puesto.
            Quiero hablar con el Jefe de prensa.

CONSERJE   Yo me quedo aquí.
            Si no te identificas, tengo que vigilarte.

CONCEJALA   Vale.
            Ya entiendo.

Tú estás aquí
y ahí fuera, en la entrada,
en tu puesto,
la gente se queda esperando.
Haciendo cola.
Haciendo ruido y follón.
Y echando de menos al alcalde de antes.
Maquiavelo era un bobo a tu lado.

CONSERJE   Yo solo cumplo con mis obligaciones.

CONCEJALA   Te comprendo.
Te apoyo.
Pero déjame un rato sola, ¿vale?
Vete a comprobar si los extintores de la
        [tercera planta cumplen la normativa.
Así haces un gran servicio por nuestra
                        [seguridad
y colapsas la entrada igual.

CONSERJE   No.

CONCEJALA   Joder.

(*Llegan al despacho del* JEFE DE PRENSA.)

JEFE DE P.   ¿Qué ocurre?

CONCEJALA   Quiero hablar contigo.

JEFE DE P.   Estoy muy ocupado.

CONCEJALA   De eso se trata.

JEFE DE P.   ¿Qué pasa?

CONCEJALA   No puedo hablar.

CONSERJE   Lo que no puedes es entrar.

JEFE DE P.   ¿Cómo?

CONCEJALA   (*Al* CONSERJE.) Siéntate.

CONSERJE   ¿Qué?

CONCEJALA   Toma asiento.
              Te enterarás de todo.
              De eso se trata, ¿no?
              No hay secretos.

CONSERJE   Me quedo de pie.
              Estoy trabajando.

JEFE DE P.   (*A la* CONCEJALA.) Oye.
              No me has enviado lo que te pedí para la web.
              Ni la biografía.
              Ni las declaraciones de la renta.
              Ah, ya.
              Ese es el problema.

CONCEJALA   No me da la gana de colgar mis declaraciones
                                        [de la renta.
              A nadie le importa mi declaración de la renta.
              Nunca he recibido un duro
              que no me hubiera ganado.

JEFE DE P. Y qué.
            Si así fuera no saldría en la declaración.

CONCEJALA Lo que faltaba.

JEFE DE P. Venga, mujer.
            Es un trámite.
            Todos los demás concejales lo han hecho.
            Quedarás muy mal
            si no lo haces.
            Quedarás señalada
            si no lo haces.

CONCEJALA (*Al oído del* CONSERJE.) Así no vamos a
                                              [ningún lado.
            No se puede respirar con tanta desconfianza.

JEFE DE P. ¿Y la biografía?
            Ah.
            Ya entiendo.
            ¿Es por aquello?
            Hace ya mucho tiempo.
            Y no tienes que avergonzarte.
            Al contrario.
            Te dará buena imagen.
            Y dará buena imagen al ayuntamiento.

CONCEJALA (*Al* JEFE DE PRENSA.) A tu novia le encantará,
                                              [¿verdad?
            Se estremecerá de gusto.
            Qué guay se ha vuelto el ayuntamiento.
            Una mujer maltratada
            en un puesto de poder.

Toda una conquista
y un símbolo.
Y al nuevo alcalde, también.
¿Verdad?
A lo mejor te da un hueso
y te acaricia las orejas.
(*Al* CONSERJE.) ¿Lo sabías?
Eso no sale en mi DNI.
¿Sabías que mi marido me pegó una paliza
y luego se metió una bala por la boca?
¿Lo sabías?

CONSERJE   Lo sabía.

JEFE DE P.   Él lo sabía.
Yo lo sabía.
Todos lo sabíamos.
¿Y qué?
¿Cobraste algún subsidio?
Ah.
Por eso no quieres publicar tu declaración
                         [de la renta.
No pasa nada.
Es una cifra.
Igual que si estuvieras cobrando el paro.
¿Te da vergüenza?
No debería.
Deberías decirlo con orgullo.

CONCEJALA   No estoy orgullosa.
Que un hijo de puta te sorba cinco años de
                         [tu vida
no tiene ningún mérito.

Yo no soy eso.
Yo soy la Concejala de Cultura.
Y mi trabajo es el más transparente de todos.
Que vengan al teatro.
O a las exposiciones.
O a las presentaciones de libros.
Pero que no miren por las ventanas de mi
[casa.
(*Al* CONSERJE.) Y tú ya puedes correr y
[decirle al alcalde
lo que pienso de su política de transparencia.

(*Entra la* QUERIDA COMPAÑERA.)

QUERIDA C.   (*Al* CONSERJE.)
¿Puedes abrirme la…?
¿Qué os pasa?

CONSERJE   Nada.
Vámonos.

(*El* CONSERJE *y la* QUERIDA COMPAÑERA *se van.*)

JEFE DE P.   (*A la* CONCEJALA.) Yo te comprendo.
Es muy interesante lo que dices.
¿Por qué no haces un blog?
No hay político que no lo tenga.
Lo colgaremos en la página del
[ayuntamiento.
Y haremos virales tus ideas
por las redes sociales.
No enseñarás tu intimidad.
¿Vale?

Enseñarás tu pensamiento.
¿Vale?
Lo haremos así.
Te digo una cosa.
No basta con trabajar bien.
Y lo sabes.
Para votarte…

CONCEJALA   Yo no soy…

JEFE DE P.   Para votarte,
los ciudadanos
te tienen que conocer.
Son los tiempos que corren.

CONCEJALA   Yo no soy candidata.

JEFE DE P.   Escribe.
Dejarás a todos impresionados.

CONCEJALA   ¿Por qué piensas que yo…

JEFE DE P.   No pienses en nosotros.
Oye.
(*Aparta a la* CONCEJALA.)
Olvídate de esta mierda de pueblo.

CONCEJALA   ¿Qué?
Yo solo quiero…

JEFE DE P.   Tú no te metiste en esto para.
Nadie se mete en estos líos solo por.

No pasa nada
si quieres algo mejor.
Está bien.
Tienes derecho.
Hace falta gente como…

Concejala   Yo…

Jefe de P.   Esto
se te queda pequeño.
Ahora lo veo.
Escribe.
Salta.
Los de arriba tienen que saber
lo que vales.

Concejala   ¿Qué buscas?

Jefe de P.   Ayudarte.

Concejala   ¿Qué ganas?

Jefe de P.   Recuerda.
Recuerda lo que te digo.
Y recuérdame cuando…
(*Vuelve la* Querida Compañera *con unas
hojas en la mano.*)

Querida C.   ¿Interrumpo?

Concejala   No.

Querida C.   (*Al* Jefe de Prensa.) Tengo que comentarte
[una cosa.

JEFE DE P.   No me dais un respiro.

CONCEJALA   Yo me voy.

QUERIDA C.   No. Quédate.
                Quiero un testigo.

JEFE DE P.   No me asustes.

QUERIDA C.   ¿Recuerdas esto?

                (*Deposita las hojas en la mesa del* JEFE DE
                PRENSA.
                *Son las mismas de la recogida de firmas
                en la que se pedía la dimisión del alcalde.*)

JEFE DE P.   ¿Otra vez?

QUERIDA C.   El alcalde me ha pedido
                que localicemos a toda esta gente.

CONCEJALA   ¿Qué?
QUERIDA C.   Que averigüemos donde viven.

CONCEJALA   Pero...

QUERIDA C.   No es lo que pensáis.
                O sí.
                No lo sé.
                (*Al* JEFE DE PRENSA.) El alcalde quiere que
                                    [les escribas una carta.
                Uno a uno.
                Para darles las gracias

por su sentido del deber.
El alcalde dice
que será
como una condecoración.

JEFE DE P.   ¿Quiere que vaya al censo y…?

CONCEJALA   No se puede hacer eso.
No se puede.
Qué asco.

(*La* CONCEJALA *se va.*)

QUERIDA C.   Él mismo te traerá la lista.
Se hace responsable de lo que pueda decir
la gente.
Pero a cambio quiere que carta la escribas tú.
Porque una de las…
De las…
De las firmantes es…
Bueno.
Ya sabes.
(*Suena el teléfono del* JEFE DE PRENSA.
Él no lo coge
todavía.)
Es el alcalde.
Quiere reunirse contigo
y contarte sus planes.
Yo no te he dicho nada.
¿Vale?
Solo quería que estuvieras prevenido.

JEFE DE P.   Gracias.

(*Han pasado unos días.*
La QUERIDA COMPAÑERA *prepara*
                    [*el recibimiento de Sandra.*
Entra el CONTRATISTA.)

CONTRATISTA   ¿Puedo ayudar en algo?

QUERIDA C.   ¿Tienes seguro?

CONTRATISTA   ¿Qué?

QUERIDA C.   Si ayudas, estás trabajando.
              Si estás trabajando, te puedes caer.
              Si te caes y no estás asegurado…
              Bueno.
              Ya sabes cómo sigue.

CONTRATISTA   Pero.

QUERIDA C.   Órdenes del alcalde en funciones.

CONTRATISTA   Sobreviviré.

              (*El* CONTRATISTA *ayuda a la Querida*
                                      [*compañera*
              Colocan flores, pancarta, platos con canapés.
              La actividad es simultánea al diálogo.)

QUERIDA C.   Gracias.
              Tenemos una tarjeta de felicitación.
              Es de esas gigantes.
              Firma si quieres.

Y hazlo ahora.
Está a punto de llegar.

CONTRATISTA (*Levantando la tarjeta.*)
¿Es de las que venden
en la papelería de la Plaza de la Constitución?

QUERIDA C. Justo.

CONTRATISTA ¿Y lo has comprado así,
sin concurso público?

QUERIDA C. Muy gracioso.
La he pagado yo.
Con mi dinero.
Y me he guardado el ticket.
Lo de la caja se ha acabado.

CONTRATISTA Admirable.

QUERIDA C. Firma.

CONTRATISTA ¿Qué?

QUERIDA C. Firma.
Dedícale unas palabras a Sandra.
Si quieres.

CONTRATISTA Sí.
Claro.
Para nuestra heroína.

QUERIDA C. ¿Tienes boli, verdad?

CONTRATISTA ¿Qué?

QUERIDA C. Es broma.

CONTRATISTA Ya.

QUERIDA C. He puesto algunos por ahí.
El contrato con la empresa de bolígrafos lo
[firmamos ayer.
Son chinos.
Se destintan a los cuatro días.
Pero le salen casi gratis
al contribuyente.

CONTRATISTA Deja.
No quiero aprovecharme
de la tinta pública.
Utilizaré mi pluma.
Mi pluma corporativa.
Tengo muchas ahora.
Ahora que no hacemos regalos.
(*El* CONTRATISTA *simula el movimiento de la*
[*pluma.*)
Vaya. No pinta.
(*La* QUERIDA COMPAÑERA *le cede un bolígrafo*
y le impone su mirada.
El CONTRATISTA *traza un rayajo.*)
¿Esta es su mesa?
De Sandra, digo.

QUERIDA C. Sí.

CONTRATISTA Tengo una propuesta.

QUERIDA C.   Por escrito.

CONTRATISTA   Yo te la cuento y tú...

QUERIDA C.   Cinco copias por registro.

CONTRATISTA   Vale.

QUERIDA C.   Ya sabes que...

CONTRATISTA   No digas nada.
              Por tu cara
              o por tu silencio
              sabré si hago bien.
              Escucha.
              Voy a instalar un sistema.
              Un sistema de control.
              Os pondré un aparatito en cada mesa.
              Si cada día
              después de que las señoras hayan hecho
                                        [su trabajo
              encontráis algo sucio,
              una papelera sin vaciar,
              pelusas en los rincones
              o si veis que la madera de haya no brilla
                      [como debe brillar la madera de haya
              pulsáis un botón.
              Hay uno con una cara triste.
              Y otros con números para poner nota.
              Ya veo que me pones mala cara.
              Pero
              también hay una carita sonriente.
              Podéis felicitar a las señoras.

Y yo les pagaré una gratificación.
Y si ponéis algo malo
me la cargaré yo.
Yo.
Me comprometo
por escrito.
¿Qué te parece?
Al nuevo alcalde le encantará.
Ya sé que suena feo.
Pero es moderno
eficaz
transparente
acorde con los nuevos tiempos
No sé.
¿Qué dices?

QUERIDA C. Tu empresa
tiene contrato hasta después de las
                                    [elecciones.

CONTRATISTA Ya.
Pero.

QUERIDA C. Puedes pensar lo
que quieras.
(*Entra el* CONSERJE.
Sin mediar palabra,
trata de llevarse la mesa de Sandra.)
¿Qué haces?

CONSERJE El alcalde ha dado una orden.
Dice que me lleve la mesa de Sandra
a su nuevo despacho.

QUERIDA C.   ¿Qué
despacho?

CONSERJE   El que está al extremo.
Al extremo del pasillo largo.

QUERIDA C.   ¿Ese?
¿Ese despacho?
Ese huele mal.
Está pegado a los cubos de la basura.
No tiene ventilación.
La luz entra por un ventanuco
que da a un muro de hormigón.
Hace años que no se usa.

CONSERJE   El alcalde no quiere que haya privilegios
Así que ha hecho un sorteo.
Ha metido todos los puestos de los
[trabajadores
en un bombo.
Y a Sandra
le ha tocado ese.
Puro azar.

QUERIDA C.   ¿Por qué no ha esperado a que Sandra
[viniera?

CONSERJE   No sé.

QUERIDA C.   ¿Ha hecho el sorteo él solo?

CONSERJE   Había otros concejales.

QUERIDA C.   ¿Cuántos?

CONSERJE   No lo sé.
¿Por qué no le preguntas a él?
Ve
y protesta.

(*Se dispone a llevarse la mesa.*)

QUERIDA C.   Espera.

CONSERJE   Es una orden.
Del alcalde nuevo.

QUERIDA C.   Del alcalde en
funciones.
Y seguro que puede esperar.
He colocado esta mesa aquí como un
                              [homenaje.
Como homenaje para Sandra.
Ya habrá tiempo
para ponerla en su sitio.

CONSERJE   Yo cumplo órdenes.

(*Levanta la mesa.*
El CONSERJE *se encara con el* CONTRATISTA.
Entran la CONCEJALA DE CULTURA *y el Jefe de*
                              [*prensa.*
El JEFE DE PRENSA *lleva una cámara de fotos.*)

JEFE DE P.   ¿Está todo listo?
Sandra está a punto de llegar.

CONCEJALA   El alcalde ha ido a buscarla a la estación.

Les escolta la Policía municipal.
Impresionante.
Todo el pueblo
se va a enterar.

(*Se oye ruido en la calle.*)

JEFE DE P.   Ya viene.
Ya vienen
todos los invitados.
(*Feliz.*) Todos.
Absolutamente todos.

QUERIDA C.   ¿Habéis firmado en la tarjeta?

JEFE DE P.   ¿Qué?

QUERIDA C.   La tarjeta.
He comprado una tarjeta de felicitación.
Todas eran de cumpleaños.
O de jubilaciones.
No he encontrado ninguna de altas por
                                [depresión.
Así que le he comprado una con gatitos.
No os riáis.
¿No vais a poner nada?
Vamos.
A ella le hará ilusión.
Está a punto de llegar.
Queda muy feo hacerlo con ella delante.
¿No?
¿No?
Bueno.

Acto V
La restauración

La QUERIDA COMPAÑERA *susurra*
en la mesa del JEFE DE PRENSA.

QUERIDA C.   ¿Cuatro años más?

JEFE DE P.   Más o menos.
Desde que termine mi contrato
hasta las próximas elecciones.
Eso me ha dicho.

QUERIDA C.   Enhorabuena.

JEFE DE P.   Ya.

QUERIDA C.   ¿Ya?

JEFE DE P.   ¿Y tú?

QUERIDA C.   ¿Qué te pasa?

JEFE DE P.   ¿Te quedas?

QUERIDA C.   No me echan.

JEFE DE P.   Bien.

Querida C.	Sí. Bien. Oye.
Jefe de P.	¿Qué?
Querida C.	¿En qué estás pensando?

(*Entra la* Concejala.)

Concejala	Se equivocan.
Jefe de P.	¿Quiénes?
Concejala	Tus colegas.
Jefe de P.	¿Colegas? Yo trabajo solo.
Concejala	Tus colegas de la prensa local. Un anónimo ha escrito que le parece una vergüenza una vergüenza indignante que tras la marejada de los imputados y las olas duras de la corrupción lleguen unas elecciones y emerjan los de siempre.
Jefe de P.	¿Los de siempre?

CONCEJALA   ¡Los de siempre!
              No te hagas el tonto.

JEFE DE P.   Yo no...

CONCEJALA   Dice que un partido
              debe ser castigado.
              Que es un mensaje
              fatal
              para la democracia.

QUERIDA C.   Nadie se lee esos periódicos.
              En el pueblo...

CONCEJALA   En el pueblo qué.

QUERIDA C.   La gente.
              La gente cree
              que ha habido un cambio.

CONCEJALA   Un cambio.

QUERIDA C.   Un cambio.
              Lo dice la gente.
              La gente del pueblo.

CONCEJALA   ¿Eso dicen?
              ¿Sí?
              Entonces mira el periódico
              y dime a qué viene esto.
              Está encima de mi mesa.

              (*La* QUERIDA COMPAÑERA *sale a buscarlo.*)

JEFE DE P.   (*A la* CONCEJALA.) A mí no me mires.

CONCEJALA   Has sido tú.

JEFE DE P.   No.

CONCEJALA   Has vuelto a casa.
Tu novia.
Tu novia está contigo.
¿Os vais a casar?

JEFE DE P.   Tal vez.

CONCEJALA   Me alegro por ti.
Pero
ten cuidado.

JEFE DE P.   Trabajo para los ciudadanos
No para el partido.

CONCEJALA   Y yo.

JEFE DE P.   Así es.
Puedes decírselo
a quien quieras.

CONCEJALA   No llevo grabadora.

JEFE DE P.   Yo sí.

CONCEJALA   Me alegro
por tu novia
y por tu honradez.

Pero cada cosa
a su tiempo.
Y te estoy ayudando.
Recuerda
que te estoy ayudando.

(*Vuelve la* QUERIDA COMPAÑERA.)

QUERIDA C.   Felicidades.

CONCEJALA   ¿Qué?

QUERIDA C.   ¿Cómo qué...?
Nos veremos
cuatro años más.

JEFE DE P.   (*A la* CONCEJALA.) Ella no lo sabe.

QUERIDA C.   ¿Qué tengo que saber?

JEFE DE P.   A la señora concejala
le ha caído una escalera
desde el cielo.
Un buen puesto en la lista
de las generales.

QUERIDA C.   Enhorabuena.

CONCEJALA   No digas nada todavía.
El partido no quiere...

QUERIDA C.   Claro.

CONCEJALA   (*Al* JEFE DE PRENSA.*)* Y ahora
             vete al despacho del alcalde.
             Ha pensado algo para ti.
             Y cuéntale lo de tu novia.
             Se alegrará.

JEFE DE P.   Voy.

CONCEJALA   Habla con él.
             Y
             oye.
             Lleva la grabadora.

             (*Pasa cierto tiempo.*
             Días, semanas, quizá meses.
             Pero no tanto
             como para que el nuevo alcalde no se haya
                                              [levantado
             del cómodo colchón
             de una larga legislatura.
             El CONTRATISTA *rinde visita*
             a la QUERIDA COMPAÑERA.*)*

QUERIDA C.   Está reunido.

CONTRATISTA ¿Puedo dejar los documentos?
             Mañana vengo y...

QUERIDA C.   Sí.
             Puedes dejarlos.
             Pero.

CONTRATISTA Mejor me los llevo.

QUERIDA C.   Sí.
              El concurso es público.
              Libre concurrencia.

CONTRATISTA Pero.

QUERIDA C.   Cierra la puerta.

CONTRATISTA ¿Que cierre la puerta?

QUERIDA C.   Sí.

CONTRATISTA Cierro la puerta.

QUERIDA C.   A ver.
              Mejor no presentes nada.

CONTRATISTA ¿Qué?

QUERIDA C.   Si quieres
              te lo cuento fuera.
              Nos vamos y...

CONTRATISTA Mejor lo hablo con el alcalde.

QUERIDA C.   No.
              No lo hagas.
              No te dirá nada.

CONTRATISTA ¿Y tú sí?

QUERIDA C.   Me ha pedido que.

CONTRATISTA ¿Tú?

QUERIDA C. Hay cosas
delicadas.
Él prefiere
que las diga yo.

CONTRATISTA ¿Y si te grabo?
¿Y si cuento allí
lo que aquí me dices?

QUERIDA C. No lo harás.

CONTRATISTA ¿Por qué?

QUERIDA C. Por mí.
¿Entiendes?

CONTRATISTA Te está poniendo al frente
sin chaleco antibalas.

QUERIDA C. Me está dando trabajo.
Me está salvando la vida.
¿Sabes?
A mi marido
A mi marido aparejador con veinte años de
[experiencia
se le ha acabado el subsidio
de desempleo
y no hay grúas en el horizonte.
Mi contrato
se renueva a cada suspiro.

JEFE DE P.   ¿Cuál es el plan?

QUERIDA C.   Tienes que esperar.
              Esperar y guardar silencio.
              En solo diez meses...

CONTRATISTA   ¿Diez?

QUERIDA C.   Nueve y medio.
              Ocho.
              Paciencia.
              Te llegará tu turno.
              El concurso de ahora
              es legal.
              Irreprochablemente legal.
              Pero mejor
              no te presentes.

CONTRATISTA   Y dentro de ocho meses,
              ¿a quién habrá que mandar callar?

QUERIDA C.   Para entonces
              puedes traer redactado
              tu propio pliego de condiciones.
              Y se tendrá en cuenta.

CONTRATISTA   ¿Y se tendrá en cuenta?
              ¿Un pliego hecho por mí?
              ¿A mi medida?

QUERIDA C.   No sé.

CONTRATISTA   Cómo que no sabes.
              Has dicho que...

QUERIDA C.   Yo no.
Yo no he dicho nada.

CONTRATISTA   ¿Qué?

QUERIDA C.   Por favor.

CONTRATISTA   Pero es que esto es...

QUERIDA C.   Yo no he dicho nada.
¿Vale?

CONTRATISTA   Vale.

QUERIDA C.   Yo lo siento pero...

CONTRATISTA   Vale.

QUERIDA C.   Si por mí fuera.

CONTRATISTA   Ya.
Pero quién me asegura que.

QUERIDA C.   Ten paciencia.
Hay mucho que contratar.
Muchos concursos.
Mucho trabajo.

CONTRATISTA   ¿Puedes transmitir al nuevo alcalde
un mensaje de mi parte?

QUERIDA C.   Claro.

CONTRATISTA   Saludamos al nuevo alcalde
              y nos ponemos a su disposición.
              Dentro de diez meses.
              Dentro de ocho meses
              traeremos los papeles
              que el concurso requiera.
              Pero también
              traeremos los papeles
              que nuestra sangre requiera.
              Traeremos papeles
              sucios
              feos
              y elocuentes.

QUERIDA C.   Yo no he dicho nada.

CONTRATISTA   Claro que no.
              ¿Sabes?
              A su madre.
              A la madre del alcalde.
              Mi madre le conseguía trabajos.
              Cuando le llamaban
              para limpiar otro portal
              mi madre
              la recomendaba.
              Y el niño, bien,
              estudió y creció y ha vuelto,
              y yo, también,
              estudié, crecí y no salí de aquí,
              y, por eso,
              le guardo una suite presidencial en mi
                                          [memoria.

QUERIDA C.   Hay algo.
Hay algo ahora.
Sin concurso.

CONTRATISTA   ¿Sin concurso?

QUERIDA C.   Quiero decir.
Podemos cargarlo
a tu empresa.
Como un servicio de.
Como un servicio.

CONTRATISTA   Habla.

QUERIDA C.   Un sofá.
Un sofá-cama.

CONTRATISTA   Bromeas.

QUERIDA C.   Una cafetera.
Un microondas.

CONTRATISTA   ¿Qué?
¿El alcalde se queda
a vivir en el Ayuntamiento?

QUERIDA C.   No.
No es el alcalde.
Es Sandra.
Es su nuevo despacho
al fondo del pasillo.
El alcalde ha ordenado que ella
lo digitalice todo.

Para el *open data*, ¿recuerdas?
Todo lo que ha habido.
Todo lo que ha habido en décadas.
Todo lo que hay.
Todo lo que se produce a cada segundo.
Contratos.
Censos de empresas.
Censos de personas.
Censos de animales.
Concesiones.
Nóminas.
Ayudas sociales.
Todo.
Todo lo está haciendo ella.
Ella sola.

CONTRATISTA Pero...

QUERIDA C. Le pagará cada hora
Le pagará cientos de horas.
Le llenará la boca de euros
debidamente justificados.
Le hará firmar algo
para que todo esté volcado
antes de que acabe el año.

CONTRATISTA Es fácil.
Un escáner.

QUERIDA C. El escáner
está solicitado
a la central de compras.
Hace un año me dijeron

que seguro que mañana.
Ya sabes.

CONTRATISTA Mierda.
¿Tienes el contrato?

QUERIDA C. ¿Qué?

CONTRATISTA El de Sandra.

QUERIDA C. No.

CONTRATISTA ¿Y podrías…?

QUERIDA C. No.
Bueno.
No sé.

CONTRATISTA Me paso
la semana que viene.

(*El* CONTRATISTA *se marcha.*
El JEFE DE PRENSA, *solo.*
Habla por teléfono.
Le brillan los ojos.)

JEFE DE P. ¿Es seguro?
Entonces.
¿Es seguro?
Ya.
Lo tengo decidido.
Es una casualidad.

No.
Es mejor que una casualidad.
Es una metáfora perfecta.

(*Cuelga.*)

CONCEJALA   ¿Qué te pasa?

JEFE DE P.   Luego te cuento.
¿Sabes algo?
¿Sabes algo… de lo tuyo?

CONCEJALA   No.
Nada.
Pero a veces
el silencio es una buena noticia.
¿No?
(*El* JEFE DE PRENSA *se levanta.*)
¿A dónde vas?

(*El* JEFE DE PRENSA *camina decidido hacia la*
[*mesa de la* QUERIDA COMPAÑERA.)

JEFE DE P.   Voy a ver a Sandra.
Voy a sacar a Sandra de su agujero.

QUERIDA C.   Pero.
El alcalde no quiere…

JEFE DE P.   Me da igual
lo que diga el alcalde.
Me dan igual

las listas negras.
Me da igual.
Voy a ver a Sandra.

QUERIDA C.   Pero.
Tu contrato.

JEFE DE P.   Hoy.
Hoy es un día grande.
Hoy termina mi viejo contrato.
Hoy firmaba por otros cuatro años.
Hoy es un día grande.

QUERIDA C.   Pero.
¿A dónde irás?

JEFE DE P.   Hoy.
Hoy lo he sabido.
Hoy he sabido
que voy a tener un hijo.

QUERIDA C.   Un hijo.
Enhorabuena.
Pero.
Un hijo.

JEFE DE P.   Lo he visto.
He visto a mi hijo.
He visto a mi hijo mirando un espejo.
Un espejo retrovisor.
Un espejo retrovisor en un coche que viaja
                              [en el tiempo.
Y me he visto a mí mismo.

Me he visto a mí mismo en ese espejo
interrogado por los ojos del futuro.
Y me he dicho que yo.
Que yo escribiré el relato.
Que yo no esconderé mis huellas.
Que debo hacer algo
que pueda contarle a mi hijo
mirándole a los ojos.

QUERIDA C.   Ten cuidado.

JEFE DE P.   ¿Quieres
acompañarme?
He venido a preguntarte
si quieres acompañarme.

QUERIDA C.   Yo.
Mi marido.
Mis
hijos.
Lo siento.

JEFE DE P.   No te juzgo.

QUERIDA C.   Dile a Sandra…

JEFE DE P.   Qué.

QUERIDA C.   Dile.
No.
No le digas nada.

Jefe de P.   Gracias.
Gracias por todo.

(*La* Querida Compañera
responde un denso silencio.
El Jefe de Prensa *emprende el camino*
por el largo pasillo
que lleva al despacho de Sandra.
El conserje *se interpone en su camino.*)

Conserje   ¿A dónde vas?
No puedes verla.

Jefe de P.   Ya lo sé.
(*Continúa su camino. El* conserje *le agarra*
                              [por el brazo.)
Suéltame.

Conserje   ¿Qué estás buscando?

Jefe de P.   La ruina.

Conserje   ¿Qué pretendes?

Jefe de P.   Hablar.
Y herir con luz las tinieblas.

Conserje   Ya.
Ya te sientes libre.
Ya te ves fuera
y se te olvida quién te pagaba el pan.
Y piensas que la señora concejala

te llevará contigo
debajo de su ala.
Pobre.
¿Crees que se acordará de ti
cuando haya puesto el culo en el escaño?
Sus promesas son de aire.

JEFE DE P.   Voy a hablar con Sandra.

CONSERJE   Yo también he hablado
con Sandra.
Le pedí el dossier
y me dijo
que lo había colgado en internet
al alcance de todos.
Y se lo enseñé a mi hija.
Y lo estudió.
Lo estudió durante meses.
Y le ha cogido el truco.
¿Sabes?
Es fácil fabricarlos.
Es fácil construir
un corrupto insoportable.

JEFE DE P.   La concejala no...

CONSERJE   ¿Y qué?
La sospecha basta
para que antes de empezar
la lapiden con un no.

JEFE DE P.   ¿Qué ganas?

CONSERJE	No lo sé.
	Dímelo tú.

JEFE DE P.	Miserable.

CONSERJE	Yo soy como tú.
	Pienso
	en los míos.

JEFE DE P.	Voy a ver a Sandra.

CONSERJE	Si así lo deseas…
	Me guardo el comodín.
	Y por cierto.
	Dile de mi parte a Sandra
	que piense
	en los odios que nos habríamos ahorrado
	si ella
	se hubiera callado la boca.
	Que piense.
	Nada más. Adiós.

(*El* CONSERJE *se aparta de su camino.*
El JEFE DE PRENSA *sigue adelante.*
Llega al despacho de Sandra.
Abre la puerta.)

Epílogo
El juicio

CONSERJE.
JEFE DE PRENSA.
CONCEJALA.
QUERIDA COMPAÑERA.
Cada uno
en su puesto.
Por primera vez no se miran
los unos a los otros.
Toda su atención está atrapada
por el papel que cada uno
sujeta entre las manos.
Entra el CONTRATISTA.
Se dirige al despacho
de la QUERIDA COMPAÑERA.

CONTRATISTA Buenos días.
¿Qué ocurre?
(*La* QUERIDA COMPAÑERA *no le escucha.*
El CONTRATISTA *pasea entre unos y otros.*
Parecen paralizados.
Le coge el papel al JEFE DE PRENSA.
Lo lee.)
Perfecto.
Comienza el juicio.
Nuevo juicio al nuevo alcalde.
Acoso laboral

Mobbing.
Todos los empleados del Ayuntamiento
que han mantenido contacto
con la denunciante
y el denunciado
deben pasar a declarar.
Perfecto.
Me parece
perfecto.

CONSERJE   Le diré.
Señoría.
Le diré.
Señoría.
Aquí
todos estamos acosados.
¿Sabe?
Esta mujer.
Esta señora.
Ha aventado sospechas sobre todos nosotros.
Desde que acusó al anterior alcalde
de delitos aún no demostrados,
en este Ayuntamiento
no se puede respirar.
Cada paso queda registrado.
Cada decisión nace con miedo.
Cada uno que pasa por delante
se atreve a mirarnos desde lo alto
como si fuéramos escarabajos.
Le diré.
Eso le diré.
Que yo sí sé
lo que es el acoso.

CONCEJALA Iré la primera.
La primera en el juzgado.
Antes de que lleguen las cámaras.
Y si están.
Y si están
les miraré a la cara.
Y si me ven.
Y si me ven
los del comité central del partido.
Y si.

JEFE DE P. Voy a ser el único.
Solo yo.
Solo yo entre todos estos
cobardes.
Sandra mirándome
agradecida.
Y en casa abrazos,
besos
y orgullo.
Solo yo.
Liberando la verdad
por encima de una nube de gritos
por encima
de esta panda de farsantes.
¿Lo ves?
Hijo.
¿Ves lo que hizo tu padre?

CONCEJALA Y si digo sí.
¿Y si tiro abajo
al alcalde electo
al alcalde adorado

por el pueblo
y por el partido
por salvar el pueblo
para el partido?
Y si.

JEFE DE P.   ¿Y después?
Después,
hijo mío.
Trabajé para alguien decente.
Alguien que nunca
que nunca
que nunca.

(*El* JEFE DE PRENSA *mira a la* CONCEJALA,
inquieto.)

CONCEJALA   No.
A él no le echarán.
No le harán dimitir.
Ni siquiera prosperará
la demanda.
A estas alturas
él habrá contratado un coro
de plañideras.

QUERIDA C.   Y ahora qué.
Cómo será.
A qué olerá.
Qué tacto tendrán
los muebles del juzgado.
Supongo que estarás
cerca.

Mirándome
a los ojos.
Me clavarás agujas
en las pupilas.
¿Sabes?
El alcalde nos reunió
a todos los interinos.
Te encantaría haberlo visto.
Te encantaría haberlo grabado.
Sería una página de oro
para tu nuevo dossier.
Y. Bueno. Ya.
Ha llegado el momento
de elegir.

Concejala   Si niego el acoso,
todo seguirá adelante
exactamente igual
que como estaba.
En cambio,
si doy la razón a Sandra,
todo seguirá adelante
exactamente igual
pero sin mí.
(*Mirando al* Jefe de Prensa.)
¿Tendrías tú
un trabajo para mí?

Querida C.   ¿Te acuerdas?
¿Te acuerdas cuando nada nos preocupaba?
¿Te acuerdas de los viernes
las comidas las cañas las risas los cotilleos
[sin importancia?

Cuando trabajar en el ayuntamiento
era estar libre de zozobra.
¿Por qué?
¿Por qué tuviste que empezar todo esto?
Si hubieras cerrado un poco los ojos.
Solo un poco.
Estaríamos igual.
Igual.
O a lo mejor
tú también tendrías un deportivo rojo último
[modelo.

CONCEJALA   ¿Y si todos
                       (todos.)
                       nos ponemos de acuerdo?

QUERIDA C.   ¿Por qué no nos convenciste?
                       Ya. Ya sé.
                       Ya sé que lo intentaste.
                       Pero si nos hubieras convencido
                       a todos…

JEFE DE P.   (*Mirando a la* CONCEJALA.) Si ella dice que no.
                       Si ella niega el acoso.
                       Si ella se hace cómplice.
                       Entonces.
                       Entonces.

                       (*El* JEFE DE PRENSA, *la* CONCEJALA *y la* QUERIDA
                       [COMPAÑERA *se miran abiertamente.*
                       No saben qué decir.
                       El CONSERJE, *en cambio, habla antes de mirar.*)

CONSERJE   Yo lo voy a contar todo.

CONCEJALA   ¿Qué?

CONSERJE   Todo lo que está pasando.
            Si me preguntan
            lo cuento.
            A Sandra la están jodiendo.
            La están machacando.
            Eso no es una novedad.
            Eso no lo quiero negar.
            Pero es que se lo ha ganado.
            Poco es lo que le hacen.
            Si yo fuera el alcalde.
            Si yo fuera el alcalde no me bastaría.
            La hubiera despedido.
            La hubiera empapelado.
            La hubiera hecho pedir perdón
            delante del pueblo entero
            en la Plaza de la Constitución.
            Pero el nuevo alcalde.
            El nuevo alcalde es un mierda.
            No tiene.
            No tiene.
            No tiene memoria.

JEFE DE P. ¿Vas a testificar a favor de Sandra?

CONSERJE   Yo voy a decir la verdad.

QUERIDA C. ¿La verdad?

CONSERJE   La verdad.

Sí.
Vosotros haced lo que os dé la gana.
Pero yo siempre he dicho
lo que pensaba.
Venga.
Subamos al coche municipal.
Conduzco yo.

(*Los demás se miran de nuevo.*
Sus caras se relajan.
Asoman
sonrisas.)

Fin.

Cuentito
(*bonus-track*)

Cuando escuchó
«Dios ensalza a los humildes»
y cuando escuchó
«Dios derriba a los poderosos.»
el rey
se contó sus propios dedos
y los puso a gobernar
el orden de las palabras.
Y allí las mandó rayar
en cada uno de los libros
con la misma afilada pluma
que clavó en la lengua del hombre
que lo había desafiado.
Una vez satisfecho el rey
se dio un buen baño de espuma.

Cuando escuchó
«Dios ensalza a los poderosos»
y cuando escuchó
«Dios derriba a los humildes»
el ángel
entró volando en palacio
y se vistió como el rey:
el rey desnudo en el baño
el ángel vestido en el trono.
Pasaron solo dos horas.
Pasaron solo dos años.
El rey era ya solo un hombre
vestido de árido esparto

escupido por los guardias
de su propio palacio.

Cuando escuchó
«los hombres ensalzan a los poderosos»
y cuando escuchó
«los hombres humillan a los débiles»
Dios
giró la rueda otra vez
y el ángel vestido de rey
llamó
al rey vestido de harapo.
Y le preguntó
como desde el fondo de un espejo
oscuro y
turbio:
-¿Acaso tú fuiste rey?
Y el rey dijo:
-No, majestad.
Años de terapia
garrote
encierro
y sesiones de electroshock
me han curado.
Aquel que se creía rey.
Aquel que se creía dios
ya no soy yo.

Y el ángel le entregó el cetro.
Y el rey humillado lo tomó.
Y el ángel se quedó satisfecho.
Y el rey se quedó satisfecho.
Y Dios se quedó satisfecho

después de demostrar que sí,
que no cabe
duda.
Que Él
ensalza a los humildes
y derriba a los poderosos.

Nada dice el cuento,
absolutamente
nada,
de quien gobernó mejor.
Si el rey soberbio.
Si el ángel travestido.
Si el rey doblemente humilde.
Algo sospechamos
pero
confiamos
en la sabiduría del Señor
para enderezar a los extraviados
y corregirlos justo a tiempo
justo un minuto un segundo un suspiro
antes
de que roguemos por la espada justiciera
del ángel exterminador.

(Versión libre del ejemplo 51 de *El conde
Lucanor* de don Juan Manuel)

Esta primera edición de *panóptico*,
de Juan Pablo Heras, terminó de imprimirse
en mayo de dos mil veinticinco,
en Madrid.